VOYAGES

EN

FRANCE ET AUTRES PAYS,

EN PROSE ET EN VERS.

IMPRIMÉ PAR DIDOT LE JEUNE,

AVEC LES CARACTÈRES DE LA FONDERIE POLYAMATYPE

DE HENRI DIDOT SON FRÈRE.

Couché fils del. Sculp.

Vue de Fontainebleau du côté des Jardins.

VOYAGES

EN

FRANCE ET AUTRES PAYS,

EN PROSE ET EN VERS,

Par Racine, La Fontaine, Regnard, Chapelle et Bachaumont, Hamilton, Voltaire, Piron, Gresset, Fléchier, Lefranc de Pompignan, Bertin, Desmahis, Bérenger, Bret, Bernardin de Saint-Pierre, Parny, Boufflers, etc. etc.

ORNÉS DE 36 PLANCHES, DESSINÉES ET GRAVÉES PAR LES MEILLEURS ARTISTES.

TROISIÈME ÉDITION, AUGMENTÉE.

TOME CINQUIÈME.

A PARIS,
CHEZ BRIAND, LIBRAIRE,
RUE DE CRÉBILLON, N° 3.
1818.

VOYAGE
DE PARIS A LYON,

PAR M. CHOISY.

RÊVERIES D'UN VOYAGEUR.

A MONSIEUR DE FLORIAN.

Je me ressouviens, mon cher chevalier, qu'à vingt ans, quittant Paris pour la seconde fois, ne l'ayant guère connu que sous les rapports de cet âge, dans mon affliction un peu désordonnée, je trouvais beaucoup de sentiment à soupirer une élégie sur mes déjeuners en bottes et au vin de Champagne, et sur ce qu'on nommait encore dans ce temps-là les soupers fins; je trouvais surtout infiniment d'esprit et un plan ingénieux à faire un quatrain à chaque poste; c'est dans cette louable intention que je composai ces petits vers, qu'en province on trouva charmans, et je pensais pour le moins comme en province.

Adieu Paris, séjour de liberté, d'ivresse,
Où tous les jours il est permis
De dîner avec ses amis,
De souper avec sa maîtresse.

Adieu séjour du meilleur ton,
Femmes charmantes qu'on y fête :
Ah ! je crains d'en perdre la tête ;
Je puis rester à Charenton.

Villeneuve à notre passage
Nous présente des chevaux frais ;
Mais pourquoi faut-il qu'en voyage
Le chagrin n'ait point de relais ?

Le meûnier d'Henri-Quatre habitait ce village :
Lieursaint ! je m'attendris en passant près de toi !
Quel est le souvenir qui m'émeut davantage
Ou de Paris ou du bon Roi !

Enfin *les Métamorphoses d'Ovide* en rondeaux, *les Mille et une Nuits* l'auraient cédé à mon entreprise ; mais le dieu du goût, qui ne veut pas qu'on fasse des vers en poste, me dit tout bas

« Ami, ce n'est point en courant
Qu'on peut, d'une plume légère,

Imiter les vers de Voltaire
Et la prose de Florian. »
Ce dieu, qui toujours vous inspire,
Connaissant les destins que vous deviez remplir,
Lisait déjà dans l'avenir
Que l'avenir devait vous lire.

J'abandonnai mes quatrains, et je me suis rappelé long-temps ce conseil. Depuis j'ai parcouru en détail les plus belles provinces de France, accompagné de ma muse; j'ai toujours craint de faire parler d'elle, les femmes doivent être réservées en voyage, et, pour ménager sa réputation, je me suis contenté de jouir sans produire; ce n'est que lorsque j'ai fini de courir le monde que j'ai laissé échapper quelques vers qui ont pris ma place.

Aujourd'hui plus sage ou plus triste, regrettant Paris plutôt comme le pays des lumières et du goût que comme celui des plaisirs et de la folie, un peu fatigué de vers, moins sensible aux premières impressions, n'observant au lever du soleil que la mesure du temps, et non le réveil de la nature, dormant dans ma chaise au passage des jolies villes que je ne connais pas, négligeant d'y voir les jolies femmes de ma connaissance, évitant la table d'hôte et ces incidens quelquefois assez plaisans pour les voyageurs, plus satisfait de rencontrer de bons chevaux qu'un beau pays, enfin écrivant pour calculer, lisant pour dormir, voyageant pour arriver, il semble que sans curiosité, sans imagination, mon crayon mal taillé et paresseux se serait contenté d'écrire à mes amis de Paris : Je vous regretterai long-temps; et à ceux de Languedoc : Je vous verrai bientôt.

Eh bien ! mon cher Florian, malgré mon insouciance de vingt-neuf ans, ne croyant plus avoir qu'un esprit abandonné à la raison, une âme sensible à l'amitié, mais content de mon reste, j'ai eu cependant des intervalles d'imagination, et même de gaîté. Comme je commence à mettre une partie de mon bonheur dans mes souvenirs, j'ai peut-être voulu les fixer par un hommage aux lieux intéressans que j'ai entrevus; je vous ai promis de vous écrire, j'en abuse. Quoi qu'il en soit, je vous prie de vous ressouvenir de votre indulgence et de votre amitié, et de ne pas trop vous rappeler de Bachaumont et Chapelle.

De ce voyageur libertin,
Je voudrais imiter en vain
Et le naturel et les grâces :
Je ne marche point sur ses traces,
Et je suis un autre chemin.
De l'amitié si le suffrage
Honore et couronne mes vœux,
Ah ! tous mes vers seront heureux,
Et j'aurai fait un bon voyage.

Après avoir couché à Melun, plus connu pour ses anguilles que pour avoir donné le jour au traducteur naïf du bon Plutarque, le célèbre Amyot, en traversant les bois de Fontainebleau, je me ressouvins d'un autre Plutarque, plus fidèle encore, que vous nommez ainsi, parce qu'il doit, dites-vous, faire la vie des chiens illustres; véritablement il pourrait s'illustrer ici, s'il se trouvait comme moi à huit heures du matin dans ce beau pays de chasse : ces forêts, ces déserts, ce château pittoresque, le prochain voyage, une belle matinée, et le chocolat, ce restaurant du corps et de l'esprit, toutes ces inspirations réunies m'ont déterminé à consacrer à Fontainebleau la première feuille de mes tablettes et les prémices de mon crayon.

Fontainebleau! séjour charmant des rois!
Aux amans, aux chasseurs que ta forêt doit plaire!
On y met le cerf aux abois:
Ah! que ne puis-je y mettre ma bergère!
Quand Bacchus succède à Cérès,
Nos princes, à ce lieu fidèles,
Visitent le matin les antiques forêts,

Et le soir les pièces nouvelles.
Bénissez vos destins, auteurs dont les travaux
Mériteront l'honneur du nouveau répertoire,
Car le suffrage d'un héros
Est le sourire de la Gloire.

Mais mon esprit ne m'ayant jamais porté aux tragédies du théâtre, ni mon goût à celles de la chasse, étranger au bruit des cors et à celui des sifflets, j'oubliai bientôt Fontainebleau, ses superbes environs, mes vers qui les célèbrent, même mes comédies qui l'amuseront peut-être un jour, et je pris le chemin du Bourbonnais, insensible aux charmes de la Bourgogne.

De ces deux provinces rivales,
Pour les voyageurs incertains,
Chapelle eût préféré le pays des bons vins
A celui des eaux minérales.

Mais les plus belles vignes valent-elles le bois de Nemours, ses antres secrets, les paysages qu'il embellit, et surtout ses souvenirs.

Oui, j'ai vu dans ces bois charmans
S'éclipser la biche timide,
Et l'ombre fugitive et les mânes errans
Du tendre amant d'Adélaïde,
Et des Nemours de nos romans.
Mais parmi ces beaux noms dont l'histoire est
remplie
Gaston s'élève, inscrit aux fastes de l'honneur,
Auprès du chevalier sans reproche et sans peur,
Jeune grand homme, effroi de l'Italie,
Que les champs de Ravenne ont vu mourir vain-
queur.

Vous partagerez au moins mon admiration pour cet illustre neveu de Louis XII, qui versa des larmes à sa mort, et qui les lui devait.

Mais laissons les héros et le ton élégiaque, parlons plutôt d'un très-joli paysage où je commençai une petite scène comique avec mon Automédon;

mais la décoration valait mieux que la pièce.

Où sommes-nous? quel est ce territoire?
— C'est Fontenai, s'il plaît à Dieu.
— Fontenai!..postillon, voilà trois fois pour boire;
Mais que ce soit à la mémoire
Du brillant abbé de Chaulieu.
— Monsieur veut rire, sur mon âme;
De monsieur le curé ce n'est pas là le nom:
Sa mémoire n'est pas quelque chose de bon,
Car il demeura court le jour de Notre-Dame
Au beau milieu de son sermon.»

Je vis que ce postillon ne ressemblait pas à ceux d'Italie, qui savent Le Tasse par cœur: je n'en fus pas surpris; mais je le fus davantage de trouver les échos muets, et de ne pas leur entendre répéter, même avant moi, ces vers délicieux de leur maître et du nôtre:

« Fontenai, lieu délicieux
Où je vis d'abord la lumière,
Bientôt au bout de ma carriere
Chez toi je joindrai mes aïeux.

Muses qui, dans ce lieu champêtre,
Avec soin me fîtes nourrir,
Beaux arbres qui m'avez vu naître
Bientôt vous me verrez mourir. »

Je commençai cependant à me ressouvenir que le Fontenai de Chaulieu était dans le Vexin normand, et je m'écriai :

Fontenai, dont le nom charme le souvenir,
Avez-vous eu Chaulieu pour maître ?
Non.—Eh bien ! tristes lieux qui me voyez paraître,
Bientôt vous me verrez partir.

Je changeai le projet que j'avais de demander à déjeuner à l'ombre de l'abbé de Chaulieu. Ne riez pas, je vous prie ; depuis le dîner du commandeur on a vu des soupers de cette espèce ; les convives y sont légers, surnaturels, tout esprit. Une ombre en pointe de vin d'Aï déraisonne infiniment mieux que tout ce qu'il y a de plus aimable dans nos soupers ; elle vous dit des choses de l'autre monde avec toute la grâce et toute la folie possible. Vous jugez bien que Chaulieu, dans ces occasions, doit s'enivrer; les ombres n'ont plus la goutte, et ne craignent pas les excès de la table, parce qu'on ne meurt pas deux fois. On évoquerait celles des poëtes simplement en récitant leurs vers, et celle de Chaulieu, qui avait de l'amour-propre comme tous les poëtes ensemble, ne se serait pas fait attendre : peut-être aurais-je pu la déterminer à m'accompagner dans mon voyage, car tout chemin mène aux Champs-Élysées ; mais tout cela ne fut qu'un rêve.

Le dépit que m'avait donné cette méprise me dura jusqu'après Montargis, patrie de madame Guyon, visionnaire d'une autre espèce. Nous nous trouvâmes bientôt à la Comodité ; je me sentis une nuance d'appétit : le nom me fit espérer que je pourrais le satisfaire ; mais, hélas! j'avais cherché à Fontenai le déjeuner d'une ombre, et je ne trouvai pas ici l'ombre d'un déjeuner. Je maudis en quatre vers ce hameau:

A la Comodité n'arrêtez point vos pas,
Car ce n'est pas même un village;
Vous pourriez, voyageur peu sage,
Chercher Rome dans Rome, et ne la trouver pas.

Je ne laissai pas cependant que de déjeuner plusieurs fois jusqu'à la fin du jour qui nous conduisit à Briare, où nous nous arrêtâmes de peur d'être plus mal: petite auberge et grands appartemens, grand canal, et point d'eau.

A Cosne nous fûmes arrêtés dans toute la force du terme.

Un bataillon femelle entourant les chevaux,
Vous assassine à Cosne avec de grands vacarmes...
En leur achetant des couteaux
Vous leur faites rendre les armes.

On vous offre encore des gants de chamois et de castor, et si vous voulez faire le tour du monde, vous y trouvez des ancres de vaisseaux. Si l'on est fatigué de ce petit combat d'amazones, on se rafraîchit à Pouilly avec un joli vin blanc qui doit être cité; et si l'on préfère les jolis vers aux jolis vins, on néglige la Charité, sa manufacture de boutons, son abbaye de bénédictins, dont le prieur est seigneur spirituel et temporel de la ville, et, en côtoyant la Loire, on va se reposer à Nevers.

Je saluai par des rimes badines
L'ombre de ce vert-vert connu par ses bons mots,
D'abord gâté par des visitandines,
Corrompu par des matelots.
Les sœurs, pour se montrer sensibles à l'injure,
Ne lisent qu'en secret ce poëme charmant,
Qui trahit la toilette et les mœurs du couvent :
De ces aimables vers, enfans de la nature,
Un double écho dans les airs se répand,
Les flots en sont émus, le parloir en murmure.

Vous vous doutez bien, mon cher chevalier, que dans ce pays j'ai plus d'un hommage à rendre aux Muses. Je ne dirai pas à tout seigneur tout honneur, mais à tous talens tout encens. Les vers de Gresset, bien loin de me faire oublier les ouvrages charmans de M. le duc de Nivernais, sont faits pour m'y ramener. Si sa plume judicieuse et délicate a fait l'excellent parallèle d'Horace, Despréaux et J. B. Rousseau, on pourra quelque jour faire le sien avec Gresset et La Fontaine.

J'aime à le voir, assis aux premiers rangs,
Réunir les hochets objets de notre hommage,
Suspendre d'une main et glorieuse et sage
Au ruban des grandeurs la lyre des talens.
Que les honneurs vont bien à la philosophie!
Versailles a ses tabourets,
Le Louvre a ses fauteuils; mais ma plus douce envie,
Ce serait d'imiter de sa muse polie
Les vers enchanteurs et discrets,
Cette morale souveraine
Qu'on aime à trouver à la fois
Dans l'esprit du bon La Fontaine
Et dans tous les cœurs des bons rois.
Sublime usage de la fable,

Puissent les courtisans dans la postérité
Ne déguiser la vérité
Que pour la rendre plus aimable !

J'arrivai par la plus belle des soirées à Saint-Pierre-le-Moûtier, bercé de ces idées douces, bienfaisantes et heureuses; je résolus d'y coucher, et c'en fut une de plus. Si ce voyage était un itinéraire, je devrais un article de distinction à l'auberge de Saint-Nicolas. Je vous la ferais connaître comme la meilleure que j'aie trouvée en France, et je recueillerais sur la cheminée une foule d'inscriptions honorables en français, anglais et allemand, toutes de bonne compagnie; elles attestent la vérité de celle que je mis à mon tour sur cette cheminée polyglotte.

Saint-Pierre-le-Moûtier est un charmant séjour;
Bons chevaux, bonnes gens, bons lits et bonne chère.
Voilà, mes chers amis de France et d'Angleterre,
Ce qu'on y trouve nuit et jour.

Cela ne peut pas s'appeler *charbonner de ses vers les murs d'un cabaret.* Cette auberge ne mérite pas ce nom, et le crayon des jolies miss qui revenaient de Nice eût inspiré, même à ceux de Boileau, des idées plus galantes.

Il était dix heures; nos gens étaient à souper, et peut-être à *charbonner*; la maîtresse cherchait à nous amuser par des détails intéressans sur les illustres voyageurs qu'elle avait eu l'honneur de recevoir, et moi, couché dans un fauteuil, j'écoutais voluptueusement, partagé entre les plus sages jouissances de la vie, la table, la conversation et le repos, observant auprès d'une fenêtre le calme de la nature qu'animait un de ces beaux clairs de lune de Claude Lorrain, ou de Vernet, délices du peintre, du poëte, de l'amant rêveur, mais trop beau pour l'amant plus fortuné,

Qui près du rendez-vous indiqué par l'amour
Invoque le mystère, et surtout un nuage,

Et sous son ombre essayant son passage
Dans la nuit cherche un demi-jour.

A l'instant où j'admirais la brillante tranquillité des airs, s'élève pour troubler la mienne une voix délicieuse, sans art, mais d'une fraîcheur et d'une justesse surprenantes; elle annonçait l'innocence et dix-sept ans, car au village on peut juger de l'âge des femmes sur leur voix, et même sur leur figure. « Madame, dis-je à l'hôtesse, qui était étonnée de me voir distrait au plus beau de sa bavarde éloquence, et même en me parlant de M. N***, madame, qu'est-ce que j'entends?

—Ah! monsieur, vous allez le savoir Alors en joignant les mains elle continue:
« On a bien raison de dire que les riches-
« ses ne font pas le bonheur; qui ne dé-
« sire rien a tout: le travail entretient la
« sagesse; ce que Dieu garde est bien
« gardé. Je vais vous conter, monsieur.
« Cette belle voix que vous entendez est

« celle d'une jeune fille de 16 à 17 ans, que « nous aimons tous parce qu'elle est sage: « sans cela plus d'amitié; elle a perdu « son père et sa mère depuis trois ans; « la pauvre petite en a bien pleuré. Nous « avons fait enterrer ses parens, et cela « nous l'a attachée; elle est venue trou- « ver ici une bonne tante qui a soixante- « quinze ans: oui, je crois bien que c'est « son compte, car elle a toujours eu un « an de moins que feu mon père, qui « était né en 1709, l'année du grand hi- « ver. Enfin, monsieur, pour vous reve- « nir, cette pauvre tante a été bien heu- « reuse d'avoir sa nièce, car elle n'y voit « pas, et ne bouge pas de sa chaise; la pe- « tite sait coudre et tricoter; elle travaille « depuis cinq heures du matin jusqu'à « neuf heures du soir: avec cela elle ne « gagne que douze sols par jour; c'est « beaucoup pour ce pays, mais dame! « faut de l'économie; elle se nourrit elle « et sa tante, et trouve encore le moyen

« de se faire par-ci par-là de petites « coiffes, de petits déshabillés ; ce n'est « pas que nous ne l'aidions : dans le « commencement nous lui avons donné « un tablier, quelques chemises et un « peu de linge fin. Eh bien ! cette pauvre « enfant est heureuse comme une reine ; « quand elle a fini sa journée, elle se « met sur sa porte, elle cause avec ses « voisines, elle rit avec ses amies ; en- « suite elle se met à chanter fort bien, et « nous l'écoutons tous. Elle sera là jus- « qu'à dix heures et demie, comme vous « la voyez. »

— Je ne la vois pas trop : dites-moi, est-elle jolie ?

« Fort jolie, monsieur, et pour cela « elle n'en est pas plus fière ; ça ne con- « naît pas ce que c'est que les compli- « mens ; il y a bien de messieurs les voya- « geurs qui se sont approchés d'elle pour « lui dire qu'elle était jolie comme les « anges, et qu'elle chantait tout aussi

« bien ; elle qui aime plus les anges que « les messieurs, n'a rien répondu, et n'a « plus chanté de tout le soir.........»

La très-respectable hôtesse de Saint-Nicolas allait poursuivre, lorsque la modestie de la jeune fille lui fit deviner que nous parlions d'elle. Elle suspendit son chant, n'imitant pas la coquetterie de la timide fauvette, qui le redouble quand un bruit se fait entendre autour de sa demeure. J'allai chercher la mienne, en assurant à l'hôtesse que son souper était fort bon, et que j'étais fort satisfait de ma soirée. « Je suis bien charmée que vous ayez été content » me dit-elle en souriant d'une façon à me faire voir qu'elle se faisait honneur de m'avoir donné ce petit concert.

Rentré chez moi, que de réflexions, de sentimens m'inspira la situation de cette jeune, jolie et intéressante Nivernaise. Je viens de quitter un pays où il serait miraculeux de trouver une fille pauvre et orpheline réunir de la figure, une voix très-rare, dix-sept ans, et de la vertu. Je notai cela comme un voyageur du grand genre, qui fait la découverte d'une île, à cela près que je n'en pris pas possession. Je ne songeais pas sans regret que je ne la verrais pas, et je lui adressai ces vers, qu'elle ne lira jamais pour deux raisons; la première, c'est qu'elle ne sait pas lire.

Dans ta pauvreté si touchante
Tu sais, orpheline charmante,
Unir la sagesse aux attraits,
Être belle, heureuse, inconnue.
O toi que je n'ai jamais vue,
Et que je ne verrai jamais!
Dans mes vers permets que j'encense
Ces traits malgré toi séducteurs,
Tes longs travaux, ton innocence,
Ta voix pure comme tes mœurs.
Ton âme jamais ne soupire
Du travail qui doit t'accabler;
Quand le jour vient de s'écouler,
Cette voix qui peut tout séduire

Ne sert que pour te consoler.
Des nuits la déesse tranquille
Reçoit ton hymne tous les jours,
Et tu rentres dans ton asile
D'où sont exilés les amours.
Ton âme tendre et vertueuse
Du vrai Dieu suit les saintes lois;
Mais il veut que l'on soit heureuse
Et permet d'aimer une fois.

Un calme délicieux succéda à la douce ivresse de la vertu, de la beauté et de la poésie, et m'annonça un sommeil paisible et riant; mais plus mon âme combinait ces sensations nouvelles, moins mes expressions me convenaient; j'aurais voulu réunir, pour satisfaire à ce doux enthousiasme, les idées les plus délicates, le goût le plus exquis, le style le plus pur. Hélas! me disais-je, ma lyre, accoutumée à célébrer les talens qui sourient à la louange, les vertus qu'exalte la gloire, les grâces qui veulent plaire, cette lyre, flatteuse et vaine, esclave de l'amour-propre, qui inspire et recueille à la fois ses accords; cette lyre profane qui a étouffé son harmonie dans le bourdonnement des soupers, sur les tapis des salons, dans l'étroite enceinte des toilettes, pourra-t-elle revenir aux séductions qui ne sont point des erreurs, à la simplicité, à la vérité, à la nature! O Gessner! poëte qu'elles ont formé, toi qui nous as peint les premiers temps, et dont les chants doivent arriver aux derniers âges, adopte cette jeune bergère! et vous, peintre heureux de Galatée, vous dont les jeunes pinceaux réunissent le naturel à l'imagination, la naïveté et l'esprit, l'originalité et la grâce : ô Florian! Choisy vous présente une sœur de Galatée.

Je ne dormis que pour rêver à la jeune Nivernaise, et à cinq heures nous nous levâmes tous les deux, elle pour reprendre son ouvrage, et moi pour continuer ma carrière.

On nous mena si bien, ou ma montre

allait si mal, que nous nous trouvâmes à huit heures à Moulins ; nous ne devions pas nous attendre à voir les dames à la fenêtre : aussi les volets étaient-ils fermés, et je me contentai d'admirer les murailles colorées.

Des roses, des pavots qui tombent de leurs mains
Couvrant la bouche ou les paupières,
L'Amour et le sommeil de leurs ailes légères
Protégeaient le bonheur, le repos des humains :
De toutes les beautés de l'élégant Moulins,
Je ne vis que les coutelières.

Elles étaient presque toutes jolies, et l'orgueil et la modestie des dames de Moulins me permettront de dire qu'elles leur ressemblent de ce côté-là ; c'est un témoignage qu'aiment à leur rendre tous les officiers qui y ont été en garnison.

Je change quatre fois de chevaux sans vous le dire, et me voilà à la Palisse, où nous fîmes quelques provisions de bouche, et où je laissai ces quatre vers en faveur du nom :

La Palisse est un très-bon gîte,
Duquel je fais beaucoup de cas,
Et quand on ne s'arrête pas...
Le temps y passe alors bien vite.

Ce petit repas, le site pittoresque et les effets d'un beau soleil couchant sur le clocher de Saint-Martin-d'Étréaux, où l'on voit le saint à cheval, lui méritèrent aussi des vers pour la première et la dernière fois de sa vie.

Saint-Martin-d'Étréaux est allé se percher
Sur un mont embelli des dons de la nature ;
On y voit le saint en peinture,
Qui court la poste au haut de son clocher.

Je serai discret sur la couchée, non pas que je fusse en bonne fortune, mais par une raison tout opposée; enfin je quitte ce mauvais gîte anonyme, ou qui se nomme la Pacaudière, et j'entre dans le Forez.

C'est dans ce vallon fertile et riant, parsemé de bois et de fontaines, qu'Honoré d'Urfé a placé la scène d'Astrée. Il enivra la France des délices de la vie pastorale, et sut célébrer à la fois ce qu'un Français aime le plus, son pays et sa maîtresse ; car on sait qu'il avait des terres dans ce canton, et l'on dit que ce roman renferme l'histoire de ses amours : c'est ainsi que le pays de Vaud et Julie d'Étange n'ont occupé l'amoureuse imagination de Jean-Jacques qu'après son cœur. Délicate indiscrétion, qui dans un homme de génie est un hommage éternel à celle qu'il aime, et qui, sauvée sous les formes du mensonge, a tout l'effet de la vérité ; talent consolateur, dont la puissance fixe les souvenirs, trompe les regrets, et conserve au moins l'illusion des félicités les plus fugitives. Quel est l'homme né pour sentir et pour peindre, qui, en relisant les lettres de sa maîtresse, en se retraçant ces scènes de passion, de dépit, de larmes, d'enchantement, ces situations d'embarras, où l'esprit est si nécessaire à l'amour, ce nœud continuel résultant des obstacles de la malignité, des bienséances, de la jalousie, des formes de la société, qui ont fait donner à un sentiment simple et naturel le nom dramatique d'*intrigue*; quel est l'homme que l'idée d'un roman ne vient pas saisir? Femmes charmantes, laissez-vous aimer par les hommes sensibles et à imagination; attirez-vous les hommages répétés de leur génie; l'enthousiasme vous répond de l'amour, l'amour-propre de la fidélité; et puis, pouvez-vous préférer l'indiscrétion d'un fat qu'on méprise, qui vous laisse reconnaître au trait de votre figure, et même à ceux de votre main, à celle d'un talent honoré qui annonce son bonheur comme une fiction, déguise tout, hormis ses sentimens, et, pour le double intérêt de votre gloire et de la sienne, a toujours le soin de vous donner un nom charmant, et de vous rendre plus intéressante et plus belle ?

Vous voyez, mon cher chevalier, que je n'oublie pas nos intérêts, et que je parle encore plus pour vous que pour moi, car je n'ai pas fait de jolis romans. Ah! comme ce pays vous inspirerait! ces châteaux antiques, ces druides vénérables, l'antre des carnutes, des nymphes souveraines, des temples champêtres, des bergères, prêtresses des bois, des tombeaux, des fontaines; que sais-je, enfin tout ce qu'on trouve dans l'Astrée deviendrait, sous le pinceau de la grâce, de la fraîcheur et de la finesse, un tableau piquant et enchanté, et les aventures intéressantes et les charmantes romances de vos Galatées et de vos Élicio, délicats dans leurs procédés, mais vrais dans leurs sentimens, y seraient bien mieux placées que les lamentations et les petites colères de cette Astrée par trop bégueule, et de ce Céladon un peu bête, qui, par son inconcevable obéissance, doit l'emporter sur tous les chiens de tous les troupeaux de toutes les pastorales du monde. C'est à vous à ressusciter celui dont La Fontaine a dit :

Amour est mort ; le pauvre compagnon
Est enterré sur les bords du Lignon.

Pour moi profane, qui tiens un peu aux Angéliques et aux Médors formés par l'enchanteur Piccini ; moi qu'occupe le souvenir de ces plaisirs brillans, délicieux, comme on le dit à Paris, incroyable, comme on doit le dire en province, je côtoyai les rives du Lignon en rêvant aux bords de la Seine.

Montagnes du Forez, solitudes heureuses,
Où les traits de l'Amour se forgeaient autrefois,
Où le Lignon traînait ses ondes langoureuses,
Où pour vaincre une amante il fallait plus d'un mois,
A ce vallon fameux, salut, paix et constance !
Du souvenir d'Astrée il s'enorgueillira,

Mais votre amphithéâtre, hélas ! unique en France,
Vaut-il celui de l'Opéra.

J'ai hasardé à la fois un calembourg et un blasphème, où la sagesse et le goût trouveront à redire ; demandons excuse du calembourg, et défendons la préférence que je donne à l'art sur la nature.

Pour être heureux, a-t-on dit, il faut avoir l'esprit de son âge ; peut-être faut-il avoir aussi l'esprit de son siècle ; et cette réflexion n'est pas si frivole : le contraste du caractère avec la situation n'est comique au théâtre que parce qu'il est un tourment dans la société ; le sage doit se faire des rêveries la moitié de la journée ; mais, pour se délasser du bonheur fatigant de l'imagination, il doit avoir aussi des goûts et des plaisirs ; et comme il faut que le bonheur soit facile, il doit suivre ceux de tout le monde ; il y a plus, il doit encore diviser ses goûts ainsi qu'on divise sa fortune pour la rendre plus solide : de là vous voyez qu'il n'y a guère que Paris qui puisse convenir à un sage. Tout cela peut choquer l'auguste raison, mais elle entre aussi peu dans le bonheur que le cœur dans l'amour. Ils sont tous les deux dans les sens et dans l'imagination; une femme célèbre l'a dit de l'amour, moi, philosophe, je puis le dire du bonheur. Penser et sentir est une belle chose; rêver et jouir vaut encore mieux. Au reste, je ne désespère pas qu'il ne vienne un temps où la solitude n'ennuie pas, où une seule pensée amuse tout un jour, où un seul sentiment remplisse une âme, où un seul goût dure toute la vie. Lorsque l'amour-propre ne sera plus le mobile de la société, l'inconstance celui des hommes, la coquetterie celui des femmes... Tarare est un bourg où l'on arrive après avoir traversé une montagne difficile qui porte ce nom.

Je pense, ou du moins j'imagine
Que le Tarare d'Hamilton,

Ce tendre amant de Fleur-d'Épine,
Eut des terres dans ce canton.
Ce petit prince redoutable,
Mal de figure, à ce qu'on dit,
Mais à qui le conteur aimable
Suppose et donne tant d'esprit,
Adoré de sa belle blonde,
Pour conquérir le chapeau lumineux,
Et la jument aux sons harmonieux,
Sut déranger l'ordre du monde.
Mais ce haut et puissant seigneur,
Sur ce mont où la neige est six mois florissante,
Dans la nuit, pour charmer l'ennui de la descente,
Devrait prêter au voyageur
Le chapeau lumineux et la jument sonnante.

Le chemin que j'ai fait à pu vous paraître long, mais pour moi c'est celui qui me reste à faire; de Tarare à Lyon tout est triste, un seul point de vue vous délasse; on trouve à moitié la Brêle, qu'on dit être une ville, mais qui est au moins un superbe village.

De Tarare à Lyon, La Brêle, beau village,
Du chemin coupe la longueur;

Du haut de la colline un charmant paysage
Retarde avec plaisir les pas du voyageur.

Enfin me voici dans la seconde ville de France, qui paraîtrait encore plus belle, plus riche, plus magnifique, si l'on ne venait de quitter la première ville du monde.

Je me levai à Lyon le dimanche 18 septembre, par un temps plus digne de la saison que du pays. Point de ces brouillards que j'y ai rencontrés tant de fois, point de ces promenades monotones où l'on va se fatiguer en l'honneur du jour du repos. Un ciel pur attirait facilement la vue sur ses délicieux environs, et une fête locale y faisait courir en foule les Lyonnaises un parasol à la main, avec l'empressement du plaisir. Mais j'oubliai les beautés de la ville et les charmes de la campagne ; je me flattais d'être bientôt plus content que tout le monde.

Monumens et plaisirs déjà sont oubliés;
Thomas est en ces lieux, je veux le voir, l'entendre,
Le front paré des fleurs que j'apporte à ses pieds,
Je cherche sa demeure....et rencontre sa cendre.
Tous les échos du Rhône ont dit dans leur douleur:
L'univers a perdu le modèle des sages,
La France un grand talent, ses amis leur bonheur;
Et cette âme si pure a vu les noirs rivages.
Sur sa tombe ouverte à demi,
Les muses, les vertus, ont dépeint leurs alarmes,
Quand sa main défaillante a recueilli les larmes
De sa sœur et de son ami.

C'est un véritable deuil pour les gens de lettres, pour les gens de bien, pour ses amis et pour l'académie; elle lui a entendu lire de beaux éloges; il me tarde d'apprendre à qui nous devrons le sien, et qui lui succédera. Je voudrais bien, mon cher Florian, que vous me répondissiez comme Médée.

Les circonstances ne m'ont pas permis de présenter à M. Ducis mes respects littéraires; j'ai été même si affecté de cette triste surprise, que je n'ai point vu une des aimables et des plus jolies femmes de Lyon, madame L***, à qui j'avais promis de donner des nouvelles et de prendre ses ordres. Permettez-moi, mon ami, non pas de vous la faire connaître, mes vers n'oseraient y prétendre, mais de vous intéressser au moins par mes regrets.

D'une cité languedocienne
Sa présence a fait les plaisirs,
Et sur les rives de la Seine
J'ai retrouvé ses souvenirs.
Jai vu partout la jeune et brillante Théone,
Hormis dans son heureux séjour;
Que son amitié me pardonne
Un tort envers moi-même, une offense à l'amour!
Ah! sur les crêpes de ma lyre
Sa main eût jeté quelques fleurs;
Du moins près des Muses en pleurs
J'aurais vu les Grâces sourire.

Véritablement quelques heures que je devais passer à Lyon sont bien peu de chose pour causer avec une femme aimable; puisque j'ai négligé tout ce qui plaît, vous jugez bien, vous qui me connaissez, que je n'ai pas préféré tout ce qu'on admire, et de toutes les magnificences de Lyon, je n'ai observé que celle du Rhône. Je suis destiné à faire trente lieues avec lui. Quand on doit vivre avec les gens, il faut s'informer de leur conduite. Je lui demandai donc d'où il venait et où il allait? ma muse m'a répondu :

Le Rhône de la Suisse a franchi la barrière,
Semblable au peuple heureux qui vit dans ses cantons,
Il naquit pauvre et libre aux helvétiques monts,
Et voit briller ici son onde prisonnière ;
Mais sorti de ces quais qui parent son canal,
A son essor il s'abandonne,
Et recevant les flots de la modeste Saône,
L'entraîne fièrement dans son lit nuptial.

Sta viator. Ils passeront quelques nuits ensemble avant que je vous envoie la suite de ces rêveries. Recevez donc, mon très-aimable chevalier, recevez ma prose mêlée et mes sentimens sans mélange; je vous écris comme je vous aime, avec effusion et confiance, sans considérer que je vous fais perdre un temps précieux à me lire, et sans penser que le public aime encore plus vos ouvrages que je ne puis aimer les miens. Quoique je ne pense pas comme le public sur beaucoup de choses, j'opine ici du cœur et du bonnet; vos productions de tous les genres feront cet automne une partie des douceurs de ma retraite, ainsi que j'ai dû à vos bontés aimables et à votre politesse une partie des charmes de la société. Comme je suis sûr que vous rendrez ces remercîmens à madame du Petitval, permettez-moi de les lui adresser moi-même avec mes hommages et mes sentimens respectueux, et de l'assurer que son souvenir ne m'a point quitté au milieu de mes rêveries. Je lui demande pour elles la moitié de cette indulgence qu'elle a bien voulu accorder à mes lectures. Je n'ai besoin que de la moitié, parce que c'est vous qui me lirez.

Sur les rêves de l'amitié,
Chevalier, vous êtes prié
D'obtenir son brillant suffrage.
Si l'art de plaire, un goût exquis,
M'accordent leur flatteur souris,
Donnez-m'en dans vos chers écrits
La nouvelle comme l'image;
Ranimez le faible talent
D'un poëte sans compliment
Et d'un voyageur sans mensonge,
Et je dirai, même en rêvant,
Que le bonheur n'est point un songe.

Je vais dans le pays des troubadours; et je regrette celui des trouvères! Et vous, mon cher Florian, l'honneur des troubadours, adieu, encore une fois. Composez de charmantes comédies, de jolis romans et de beaux poëmes; portez-vous bien, et faites toujours le charme de la société des femmes aimables. Gloire, salut et plaisir.

VOYAGE
DE VOLTAIRE
A BERLIN,

Couché fils del. et Sculp.

VUE DE BERLIN.

VOYAGE

DE VOLTAIRE A BERLIN.

A MADAME DENIS.

A Clèves, juillet 1750.

C'est à vous, s'il vous plaît, ma nièce,
Vous, femme d'esprit, sans travers,
Philosophe de mon espèce,
Vous qui, comme moi, du Permesse
Connaissez les sentiers divers;
C'est à vous qu'en courant j'adresse
Ce fatras de prose et de vers,
Ce récit de mon long voyage;
Non tel que j'en fis autrefois,
Quand, dans la fleur de mon bel âge,
D'Apollon je suivais les lois;
Quand j'osai, trop hardi peut-être,
Aller consulter à Paris,
En dépit de nos beaux esprits,
Le dieu du goût, mon premier maître.

Ce voyage-ci n'est que trop vrai, et ne m'éloigne que trop de vous. N'allez pas vous imaginer que je veuille égaler Chapelle, qui s'est fait, je ne sais comment, tant de réputation pour avoir été de Paris à Montpellier et en terre papale, et en avoir rendu compte à un gourmand.

Ce n'était pas peut-être un emploi difficile
De railler monsieur d'Assouci.
Il faut une autre plume, il faut un autre style
Pour peindre ce Platon, ce Solon, cet Achille
Qui fait des vers à Sans-Souci.
Je pourrais vous parler de ce charmant asile,
Vous peindre ce héros philosophe et guerrier,
Si terrible à l'Autriche, et pour moi si facile;
Mais je pourrais vous ennuyer.

D'ailleurs je ne suis pas encore à sa cour, et il ne faut rien anticiper : je veux de l'ordre jusque dans mes lettres. Sachez donc que je partis de Compiègne le 25 de juillet, prenant ma route par la Flandre, et qu'en bon historiographe et en bon citoyen, j'allai voir en passant les champs de Fontenoi, de Rocoux et de Laufelt. Il n'y paraissait pas : tout cela était couvert des plus beaux blés du monde. Les Flamands et les Flamandes dansaient comme si de rien n'eût été.

Durez, jeux innocens de ces peuples grossiers,
Régnez, belle Cérès où triompha Bellone.
Campagnes qu'engraissa le sang de nos guerriers,
J'aime mieux vos moissons que celles des lauriers:
La vanité les cueille et le hasard les donne.
Oh! que de grands projets par le sort démentis!
O victoires sans fruit! ô meurtres inutiles!
Français, Anglais, Germains, aujourd'hui si tranquilles,
Fallait-il s'égorger pour être bons amis?

J'ai été à Clèves, comptant y trouver des relais que tous les bailliages fournissent, moyennant un ordre du roi de Prusse, à ceux qui vont philosopher à Sans-Souci auprès du Salomon du Nord, et à qui le roi accorde la faveur de voyager à ses depens. Mais l'ordre du roi de

Prusse était resté à Vésel entre les mains d'un homme qui l'a reçu comme les Espagnols reçoivent les bulles des papes, avec le plus profond respect, et sans en faire aucun usage. Je me suis donc arrêté quelques jours dans le château de cette princesse que madame de La Fayette a rendue si fameuse.

Mais de cette héroïne, et du duc de Nemours
On ignore en ces lieux la galante aventure :
Ce n'est pas ici, je vous jure,
Le pays des romans, ni celui des amours.

C'est dommage, car le pays semble fait pour des princesses de Clèves : c'est le plus beau lieu de la nature, et l'art a encore ajouté à sa situation. C'est une vue supérieure à celle de Meudon ; c'est un terrain planté comme les Champs-Élysées et le bois de Boulogne ; c'est une colline couverte d'allées d'arbres en pente douce : un grand bassin reçoit les eaux de cette colline ; au milieu s'élève une statue de Minerve. L'eau de ce premier bassin est reçue dans un second, qui la renvoie dans un troisième, et le bas de la colline est terminé par une cascade ménagée dans une vaste grotte en demi-cercle. La cascade laisse tomber ses eaux dans un canal qui va arroser une vaste prairie et se joindre à un bras du Rhin. Mademoiselle de Scudéri et La Calprenède auraient rempli de cette description un tome de leurs romans : mais moi, historiographe, je vous dirai seulement qu'un certain prince, Maurice de Nassau, gouverneur de son vivant de cette belle solitude, y fit presque toutes ces merveilles. Il s'est fait enterrer au milieu des bois, dans un grand diable de tombeau de fer, environné de tous les plus vilains bas-reliefs du temps de la décadence de l'empire romain, et de quelques monumens gothiques plus grossiers encore. Mais le tout serait quelque chose de fort respectable pour ces esprits profonds qui tombent en extase à la vue d'une pierre mal taillée, pour peu qu'elle ait deux mille ans d'antiquité.

Un autre monument antique, c'est le reste d'un grand chemin pavé, construit par les Romains, qui allait à Francfort, à Vienne et à Constantinople. Le Saint Empire, dévolu à l'Allemagne, est un peu déchu de sa magnificence; on s'embourbe aujourd'hui en été dans l'auguste Germanie. De toutes les nations modernes, la France et le petit pays des Belges sont les seules qui aient des chemins dignes de l'antiquité. Nous pouvons surtout nous vanter de passer les anciens Romains en cabarets, et il y a encore certains points dans lesquels nous les valons bien; mais enfin, pour les monumens durables, utiles, magnifiques, quel peuple approche d'eux? Quel monarque fait dans son royaume ce qu'un proconsul faisait dans Nîmes et dans Arles?

Parfaits dans le petit, sublimes en bijoux,
Grands inventeurs de riens, nous faisons des jaloux.
Élevons nos esprits à la hauteur suprême
Des fiers enfans de Romulus :
Ils faisaient plus cent fois pour des peuples vaincus
Que nous ne faisons pour nous-même.

Enfin, malgré la beauté de la situation de Clèves, malgré le chemin des Romains, en dépit d'une tour qu'on prétend bâtie par Jules-César, ou au moins par Germanicus, en dépit des inscriptions d'une vingt-sixième légion qui était ici en quartier d'hiver; en dépit des belles allées plantées par le prince Maurice et de son grand tombeau de fer; en dépit enfin des eaux minérales découvertes ici depuis peu, il n'y a guère d'affluence à Clèves. Les eaux y sont cependant aussi bonnes que celles de Spa et de Forges, et on ne peut avaler de petits atomes de fer dans un plus beau lieu : mais il ne suffit pas, comme vous savez, d'avoir du mérite pour avoir la vogue; l'utile et l'agréable sont ici; mais ce séjour délicieux n'est fréquenté que par quelques Hollandais que le voisinage et le bas prix des vivres et des maisons y attirent, et qui viennent admirer et boire.

J'y ai retrouvé avec une très-grande satisfaction un célèbre poëte hollandais, qui nous a fait l'honneur de traduire élégamment en batave, et même vers pour vers, nos tragédies bonnes ou mauvaises. Peut-être un jour viendra que nous serons réduits à traduire les tragédies d'Amsterdam : chaque peuple a son tour.

Les dames romaines, qui allaient lorgner leurs amans au théâtre de Pompée, ne se doutaient pas qu'un jour au milieu des Gaules, dans un petit bourg nommé *Lutèce*, on ferait de meilleures pièces de théâtre qu'à Rome.

L'ordre du roi pour les relais vient enfin de me parvenir; voilà mon enchantement chez la princesse de Clèves fini, et je pars pour Berlin.

A Postdam.

J'ai d'abord passé par Vésel, qui n'est plus ce qu'elle était quand Louis XIV la prit en deux jours, en 1672, sur les Hollandais. Elle appartient aujourd'hui au roi de Prusse, et c'est une des plus fortes places de l'Europe. C'est là qu'on commence à voir de ces belles troupes que Frédéric II forma sans vouloir s'en servir, et que Frédéric-le-Grand, a rendues si utiles à ses intérêts et à sa gloire. Le premier coup-d'œil surprend toujours.

D'un regard étonné j'ai vu sur ces remparts
Ces géans court-vêtus, automates de Mars,
Ces mouvemens si prompts, ces démarches si fières,
Ces moustaches, ces grands bonnets,
Ces habits retroussés, montrant de gros derrières
Que l'ennemi ne vit jamais.

Bientôt après j'ai traversé les vastes

et tristes, et stériles, et détestables campagnes de la Westphalie.

De l'âge d'or jadis vanté
C'est la plus fidèle peinture;
Mais toujours la simplicité
Ne fait pas la belle nature.

Dans de grandes huttes qu'on appelle maisons, on voit des animaux qu'on appelle hommes, qui vivent le plus cordialement du monde pêle-mêle avec d'autres animaux domestiques. Une certaine pierre dure, noire et gluante, composée, à ce qu'on dit, d'une espèce de seigle, est la nourriture des maîtres de la maison. Qu'on plaigne après cela nos paysans, ou plutôt qu'on ne plaigne personne; car sous ces cabanes enfumées, et avec cette nourriture détestable, ces hommes des premiers temps sont sains, vigoureux et gais. Ils ont tout juste la mesure d'idées que comporte leur état.

Ce n'est pas que je les envie;
J'aime fort nos lambris dorés :
Je bénis l'heureuse industrie
Par qui nous furent préparés
Cent plaisirs par moi célébrés,
Frondés par la cagoterie,
Et par elle encor savourés.
Mais sur les huttes des sauvages
La nature épand ses bienfaits;
On voit l'empreinte de ses traits
Dans les moindres de ses ouvrages.
L'oiseau superbe de Junon,
L'animal chez les Juifs immonde,
Ont du plaisir à leur façon;
Et tout est égal en ce monde.

Si j'étais un vrai voyageur, je vous parlerais du Véser et de l'Elbe, et des campagnes fertiles de Magdebourg, qui étaient autrefois le domaine de plusieurs saints archevêques, et qui se couvrent aujourd'hui des plus belles moissons (à regret sans doute) pour un prince hérétique; je vous dirais que Magdebourg est presque imprenable; je vous parlerais de ses belles fortifications, et de sa cidatelle construite dans une île entre deux bras de l'Elbe, chacun plus large que la Seine ne l'est vers le pont royal. Mais comme ni vous ni moi n'assiégerons jamais cette ville, je vous jure que je ne vous en parlerai jamais.

Me voici enfin dans Postdam. C'était sous le feu roi la demeure de Pharasmane, une place d'armes, et point de jardin; la marche du régiment des gardes pour toute musique, des revues pour tout spectacle; la liste des soldats pour bibliothèque. Aujourd'hui c'est le palais d'Auguste, des légions et des beaux esprits, du plaisir et de la gloire, de la magnificence et du goût, etc. etc.

VOYAGE
DE BOUFFLERS
EN SUISSE.

VOYAGE

DE BOUFFLERS EN SUISSE.

LETTRES A SA MÈRE.

LETTRE PREMIÈRE.

Du 4 octobre.

Le mauvais temps et les bonnes façons nous ont retenus deux jours à Bruyères. Nous voici à Colmar, d'où nous partons, faute d'y trouver madame du Comte, qui fait actuellement ses vendanges. Nous avons voulu nous donner pour peintres; mais mon habit bleu a donné des soupçons à beaucoup d'officiers du régiment de Penthièvre, avec qui j'ai soupé à table d'hôte ; au reste, je me suis fort amusé. J'y ai trouvé un autre Saint-Robert qui m'a fait des récits de guerre aussi ornés que ceux de Donnereau ; par exemple : « J'ai vu, mordieu, la cavalerie du roi qui battait les ennemis du roi partout où ils se montraient. Mordieu, à Guastella leur front nous dépassait, et par un *à droite* et un *à gauche*, nous les avons enveloppés sans tant de manœuvres, mordieu ; et nous sommes entrés dedans comme dans du beurre. Ils avaient ce jour-là du canon, mordieu, et ils nous en fouettaient tout au travers du nez ; c'étaient des boulets comme à l'ordinaire, qui étaient suivis de quatre petites balles grosses comme des œufs, mordieu, et qui faisaient un r... r... r... ravage épouvantable, sacredieu. »

Mesdames de Cambise et de Cucé, qui ont une jolie voix, pourront mettre ces paroles sur l'air, mais le visage de l'auteur manquera toujours. Je serai demain à Basle, d'où je vous écrirai. Adressez-moi vos lettres, si vous m'écrivez, chez M. de Voltaire, sous le nom de Charles, en le faisant prier de me les garder jusqu'à mon passage. J'ai pris le parti de réformer mon cocher et mon postillon, et deux chevaux, dont l'un, nommé vulgairement *la grise*, sera vendu à quelque prix que ce soit; et l'autre, appelé par mes gens *le grand entier*, et par moi *l'évêque de Toul*, sera donné pour quinze louis. Je vous prierai de vouloir bien charger l'abbé Porquet de cette exécution-là; qu'il veuille bien écrire à M. Rollin, pour avoir l'argent nécessaire, et qu'il dise à mon piqueur de faire hacher de la paille pour ceux qui resteront, et surtout pour le grand maigre, surnommé *la lanterne*, à cause de sa transparence; et que le susdit abbé Porquet soit toujours bien persuadé qu'il n'a jamais eu d'élève aussi soumis que moi. Adieu, ma très-belle maman, je me réjouis de parler de vous à monsieur de Voltaire, et de lui dire tout ce que j'en pense; car je parie qu'il n'avait pas assez d'esprit pour sentir tout votre mérite.

Il faut que l'habit du cocher reste, et qu'on l'en dédommage par une petite gratification prise sur la vente du premier cheval; pour celui du postillon, comme il est en loques, il peut partir.

LETTRE II.

Du 9 octobre.

Me voici chez le chevalier de Beauteville, qui m'a reçu comme un Suisse qui descendrait du ciel à cheval sur un rayon. Il est en vérité charmant. Je suis arrivé au moment de son entrée et des députations des treize cantons qui viennent le reconnaître. Il va y avoir une diète pour différentes affaires, dont le succès est très-incertain; les dénouemens prévus ôtent de l'intérêt. La ville de Soleure devient le rendez-vous de toute la Suisse; les femmes y sont charmantes: je serais même tenté de les croire coquettes, si les femmes pouvaient l'être.

Ce peuple-ci me représente le peuple gaulois : il en a la stature, la force, le courage, la fierté, la douceur et la liberté. Il n'y a pas plus d'hommes à proportion qu'en Lorraine. Le pays en lui-même est moins bon, mais la terre y est cultivée par des mains libres. Les hommes sèment pour eux, et ne recueillent pas pour d'autres. Les chevaux ne voient pas les quatre cinquièmes de leur avoine mangés par les rois. Les rois n'en sont pas plus gras, et les chevaux ici le sont bien davantage. Les paysans sont grands et forts; les paysannes sont fortes et belles. Je remarque que partout où il y a de grands hommes il y a de belles femmes; soit que les climats les produisent, soit qu'elles viennent les chercher, ce qui ne serait pas décent. Cette nation-ci ne s'amuse guère, mais elle s'occupe beaucoup. On y est fort laborieux, parce que le travail est un plaisir pour qui est sûr d'en retirer le fruit; il y a autant de plaisir de labourer que de moissonner. Les lois des Suisses sont austères; mais ils ont le plaisir de les faire eux-mêmes, et celui qu'on pend pour y avoir manqué a le plaisir de se voir obéir par le bourreau.

Adieu, madame, je me porte bien; je suis enchanté de M. Belpré. C'était un garde du roi Stanislas, qui se mêle de peinture, et qui remporta cinquante louis d'or de Genève. L'ambassadeur le traite à merveille. Faites souvenir le roi que dans le pays le plus libre il y a à cette heure le plus fidèle de ses sujets; et vous, chantez de ma part : *aimez-moi comme je vous aime.*

LETTRE III.

Du 26 octobre.

Me voici dans le charmant pays de Vaud ; je suis au bord du lac de Genève, bordé d'un côté par les montagnes du Valais et de Savoie , et de l'autre , par de superbes vignobles, dont on fait à cette heure la vendange. Les raisins sont énormes et excellens ; ils croissent depuis le bord du lac jusqu'au sommet du mont Jura ; en sorte que d'un même coup-d'œil je vois des vendangeurs les pieds dans l'eau, et d'autres juchés sur des rochers à perte de vue. C'est une belle chose que le lac de Genève. Il semble que l'Océan ait voulu donner à la Suisse son portrait en miniature. Imaginez une jatte de quarante lieues de tour, remplie de l'eau la plus claire que vous ayez jamais bue, qui baigne d'un côté les châtaigniers de la Savoie, et de l'autre les raisins du pays de Vaud. Du côté de la Savoie, la nature étale toutes ses horreurs, et de l'autre toutes ses beautés; le mont Jura est couvert de villes et de villages dont la vigne couvre les toits, et dont le lac mouille les murs; enfin, tout ce que je vois me cause une surprise qui dure encore pour les gens du pays. Mais ce qu'il y a de plus intéressant, c'est la simplicité des mœurs de la ville de Vevay; on ne m'y connaît que comme peintre, et j'y suis traité partout comme à Nancy. Je vais dans toutes les sociétés, j'y suis écouté et admiré de beaucoup de gens qui ont plus de sens que moi, et j'y reçois des politesses que j'aurais tout au plus à attendre de la Lorraine; l'âge d'or dure encore pour ces gens-là. Ce n'est pas la peine d'être grand seigneur pour se présenter chez eux; il suffit d'être homme. L'humanité est pour ce bon peuple-ci tout ce que la parenté serait pour un autre.

Il vient de m'arriver une aventure qui tiendrait sa place dans le meilleur roman. J'ai été chez une femme qu'on m'avait indiquée, pour lui demander de vouloir bien me procurer de l'ouvrage; son mari l'a engagée, quoique vieille, à se faire peindre ; j'ai parfaitement réussi. Pendant le temps du portrait, j'ai toujours mangé chez elle, et elle m'a fort bien traité. Ce matin, quand j'ai donné les derniers coups à l'ouvrage, le mari m'a dit : Monsieur, voilà un portrait parfait ; il ne me reste plus qu'à vous satisfaire, et à vous demander votre prix.

Je lui ai dit : Monsieur, on ne se juge jamais bien soi-même ; le grand mérite se voit en petit, et le petit se voit en grand ; personne ne s'apprécie, et il est plus raisonnable de se laisser juger par les autres ; nos yeux ne nous sont pas donnés pour nous regarder.

Monsieur, m'a-t-il dit, votre façon de parler m'embarrasse autant que la bonté de votre portrait. Je trouve que, quelque chose que vous me demandiez, vous ne sauriez me demander trop.

Et moi, monsieur, quelque peu que vous me donniez, je ne trouverai point que ce soit trop peu ; je vous prie de n'avoir de ce côté-là aucune honte, et de compter pour beaucoup les bons traitemens que j'ai reçus de vous, dont je suis plus content que je ne le serai de quelque argent que je reçoive.

Monsieur, je vous devais au-delà des politesses que je vous ai faites; mais je vous dois encore infiniment pour le plaisir que vous m'avez fait.

Monsieur, si j'avais l'honneur d'être plus connu de vous, je hasarderais de vous en faire présent, et ce n'est que pour vous obéir que je recevrai le prix que vous voudrez bien y mettre ; mais conformez-vous, s'il vous plaît, aux circonstances du pays, qui n'est pas riche, et du peintre, qui est plus reconnaissant qu'intéressé.

Monsieur, puisque vous ne voulez rien dire, je vais hasarder d'acquitter en partie ce que je vous dois.

A l'instant le pauvre homme va à son bureau, et revient la main pleine d'argent, me disant : Monsieur, c'est en tâtonnant que je cherche à satisfaire ma dette, et en même temps il me remit trente-six francs.

Monsieur, lui dis-je, souffrez que je vous représente que c'est trop pour un ouvrage de cinq heures au plus, fait en aussi bonne compagnie que la vôtre. Permettez que je vous en remette les deux tiers, et qu'en échange je donne, à madame, votre portrait en pur don.

Le pauvre homme et la pauvre femme tombèrent des nues ; j'ai ajouté beaucoup de choses honnêtes; et je m'en suis allé, emportant leurs bénédictions et leurs douze livres, que je leur rendrai à mon départ.

Il y a pourtant ici quelqu'un qui me connaît; c'est monsieur de Courvoisier, colonel-commandant du régiment d'Anhalt, qui était à Metz, sous les ordres de mon frère, et qui m'y a vu. Quand j'ai su qu'il était ici, j'ai été le chercher, et il m'a donné sa parole d'honneur du secret; il le garde même dans sa famille.

Il a un vieux père et une vieille mère, de cette ancienne pâte dont on a perdu la composition. Il a deux sœurs, dont l'une a quarante ans, et l'autre vingt; la cadette est belle comme un ange; je la peins à cette heure, et elle n'est occupée qu'à chercher des pratiques pour me faire gagner de l'argent.

Nous allons, monsieur Belpré et moi, dans toutes les assemblées, sous le même nom; et nous voyons plus d'honnêtes gens dans une ville de trois mille habitans qu'on n'en trouverait dans toutes les villes des provinces de la France. Sur trente ou quarante jeunes filles ou femmes, il ne s'en trouve pas quatre de laides, et pas une de catin. O le bon et le mauvais pays !

Adieu, madame, voilà une assez longue lettre ; si j'y ajoutais ce que j'ai toujours à vous dire de mon adoration pour vous, vous mourriez d'ennui. Mettez-moi aux pieds du roi, contez-lui mes folies, et annoncez-lui une de mes lettres, où je voudrais bien lui manquer de respect, afin de ne le pas ennuyer. Les princes ont plus besoin d'être divertis qu'adorés. Il n'y a que Dieu qui ait un assez grand fonds de gaîté pour ne pas s'ennuyer de tous les hommages qu'on lui rend.

LETTRE IV.

Oh! pour le coup, me voilà dans les Alpes jusqu'au cou. Il y a des endroits ici, où un enrhumé peut cracher à son choix, dans l'Océan ou dans la Méditerranée. Où est Pampan? c'est ici qu'il ferait beau le voir grossir les deux mers de sa pituite, au lieu d'en inonder votre chambre. Où est l'abbé Porquet? que je le place, lui et sa perruque, sur le sommet chauve des Alpes, et que sa calotte devienne pour la première fois le point le plus élevé de la terre.

Pardonnez-moi mon transport, madame; les grandes choses amènent les grandes idées, et les grandes idées les grands mots. J'ai resté long-temps à Vevay; c'est une ville charmante, où il y a une compagnie très-agréable. Malgré tout ce que j'avais entendu dire de la sagesse et même de l'austérité des mœurs de ce pays-là, j'ai vu que La Fontaine avait raison de dire que la femme est toujours femme. Non-seulement la femme y est femme, mais elle y est belle.

Je suis à cette heure dans le Valais, frontière d'Italie. C'est le pays le plus indépendant de toute la Suisse; c'est le seul où les femmes aient constamment conservé leur ancien habillement : ce sont de petits corsets assez bien faits, des mouchoirs croisés assez singulièrement, de petits béguins de dentelles, et de petits chapeaux par-dessus, avec des nœuds de rubans. Je suis occupé d'avoir des vulnéraires de ce pays-ci pour le roi; ils sont infiniment supérieurs à ceux du reste de la Suisse. J'ai dîné et soupé avec le grand et célèbre Haller; nous avons eu, pendant et après le repas, une conversation de cinq heures de suite, en présence de dix ou douze personnes du pays, qui étaient très-étonnées d'entendre raisonner un Français; mais, malgré l'attention et l'applaudissement de tout le monde, j'ai vu que, pour parvenir à une certaine supériorité, les livres valent mieux que les chevaux. Dans peu de jours je verrai Voltaire, dont Haller n'est pas assez jaloux, et par échelons, après avoir été d'Haller à Voltaire, j'irai de Voltaire à vous. Mettez-moi toujours aux pieds du roi, et dites-lui que la vue des peuples libres ne me portera jamais à la révolte.

Adieu, maman, je vous aime partout où je suis, partout où vous êtes.

LETTRE V.

Du 10 décembre.

Il faut ou que vous n'ayez pas reçu mes lettres, par la négligence de mon palefrenier, qui a oublié de les affranchir, ou que vous vous souciez bien peu du sang de votre sang, de la chair de votre chair, des os de vos os.

Je suis ici dans l'île de Circé, sans être ni aussi fin, ni aussi brave, ni aussi sage, ni aussi cochon qu'Ulysse et ses compagnons. Lausane est connue dans toute l'Europe par ses bons pastels et la bonne compagnie : je vis dans une société que Voltaire a pris soin de former, et je cause un moment avec les écoliers avant d'aller écouter le maître. Il n'y a pas de jour où je ne reçoive des vers et où je n'en rende; pas un où je ne fasse un portrait et une connaissance; pas un où je ne prenne une tasse de chocolat le matin, suivie de trois gros repas; enfin je m'amuse au point de vous souhaiter à ma place.

Voici quelques-uns de mes impromptus.

Une fois, j'envoyai à une dame de Gentil un portrait du diable avec des cornes et une queue; elle me demanda à quel propos.

Ce n'est point sans raison, marquise trop aimable,
Que j'envoyai chez vous le diable et son portrait :
Je ne sais s'il vous tenterait,
Mais vous, vous tenteriez le diable.

Une autre fois deux autres femmes revenaient du prêche, et me demandaient ce que j'avais fait pendant ce temps-là.

Ce matin comme de vrais anges,
Vous étiez toutes au saint lieu :

Et moi je chantais vos louanges
Quand vous chantiez celles de Dieu.

Je vais après demain à Ferney, où Voltaire m'attend; il m'a écrit une lettre charmante; je me réjouis de vous parler de lui. Vous avez mieux pris votre temps que moi pour le voir, mais on boit le vin de Tockai jusqu'à la lie. Surtout assurez bien le roi que je ne reviendrai point déiste.

Adieu, maman, je vous aime comme on admire le roi dans ma romance pour sa fête.

J'oublie de vous dire quatre bouts rimés que j'ai remplis dans l'ordre suivant :

Quand je n'aurais ni bras, ni jambe,
J'affronterais pour vous la balle et le boulet:
Ranimé par vos yeux, je me croirais ingambe,
Et je pourrais encor mériter un soufflet.

Adieu encore une fois; je vous écrirai de Ferney des choses plus intéressantes.

LETTRE VI.

De Ferney.

Enfin me voici chez le roi de Garbe; car jusqu'à présent j'ai voyagé comme la Fiancée. Ce n'est qu'en le voyant que je me suis reproché le temps que j'ai passé sans le voir : il m'a reçu comme votre fils, et il m'a fait une partie des amitiés qu'il voudrait vous faire. Il se souvient de vous comme s'il venait de vous voir, et il vous aime comme s'il vous voyait. Vous ne pouvez point vous faire d'idée de la dépense et du bien qu'il fait. Il est le roi et le père du pays qu'il habite; il fait le bonheur de ce qui l'entoure, et il est aussi bon père de famille que bon poëte. Si on le partageait en deux, et que je visse d'un côté l'homme que j'ai lu, et de l'autre celui que j'entends, je ne sais auquel je courrais. Ses imprimeurs auront beau faire, il sera toujours la meilleure édition de ses livres.

Il y a ici madame *Denis* et madame *Dupuis*, née *Corneille*. Toutes deux me paraissent aimer leur oncle. La première est bonne de la bonté qu'on aime : la seconde est remarquable par ses grands yeux noirs et un teint brun ; elle me paraît tenir plus de la corneille que du Corneille.

Au reste, la maison est charmante, la situation superbe, la chère délicate, mon appartement délicieux ; il ne lui manque que d'être à côté du vôtre ; car j'ai beau vous voir, je vous aime, et j'aurai beau revenir à vous, je vous aimerai toujours.

Voltaire m'a beaucoup parlé de Pampan, et comme j'aime qu'on en parle. Il a beaucoup recherché dans sa mémoire l'abbé Porquet, qu'il a connu autrefois; mais il n'a jamais pu le retrouver: les petits bijoux sont sujets à se perdre.

Adieu, ma belle, ma bonne, ma chère mère; aimez-moi toujours beaucoup plus que je ne mérite, ce sera encore beaucoup moins que je ne vous aime.

Voici un impromptu que j'ai fait dernièrement.

J'arrivai chez une belle dame, crotté et mouillé; elle me proposa de me faire donner des souliers de son mari.

De votre mari, belle Iris,
Je n'accepte point la chaussure;
Si je lui donne une coiffure,
Je veux la lui donner gratis.

LETTRE VII.

Du 24 décembre.

J'AI été hier pour la première fois à Genève. C'est une grande et triste ville, habitée par des gens qui ne manquent pas d'esprit, et encore moins d'argent, et qui ne se servent ni de l'un ni de l'autre. Ce qu'il y a de très-joli à Genève, ce sont les femmes ; elles s'ennuient comme des mortes, mais elles mériteraient bien de s'amuser.

Le peuple suisse et le peuple français ressemblent à deux jardiniers, dont l'un cultive des choux, et l'autre des fleurs. Remarquez encore avec moi que moins on est libre, et mieux on aime les femmes. Les Suisses s'en servent moins que les Français, et les Turcs davantage.

Vous dont tout reconnaît l'empire et la beauté,
Sexe charmant, je plains le Suisse qui vous brave;
De quoi lui peut servir sa triste liberté,
Si le ciel vous destine à consoler l'esclave!

En voilà assez sur les femmes en général; il est temps de revenir à ma mère, qui est femme aussi, mais d'un ordre supérieur. Elle est aux femmes ce que les séraphins sont aux anges, et les cardinaux aux capucins.

Nous nous sommes amusés hier, une dame Cramer, qui a beaucoup d'esprit, et moi, à faire des couplets. En voici un qu'elle a commencé sur le père Adam, jésuite et aumônier de Voltaire, et que j'ai fini :

Il faudrait que père Adam
Voulût être mon amant.
Oui, que la peste me crève,
S'il me veut, je suis son Eve;
Et je serai dès demain
La mère du genre humain.

En voici un que je fis à la dame en même-temps que je travaillais à arranger le sien :

Pendant que la chanson s'achève,
Payez-moi le prix qui m'est dû ;
Et si jamais vous êtes Ève,
Que je sois le fruit défendu.

Écoutez-en une charmante, que Voltaire a faite pour moi à propos de madame Cramer.

Mars l'enlève au séminaire,
Tendre Vénus, il te sert ;
Il écrit avec Voltaire,
Il sait peindre avec Hubert ;
Il fait tout ce qu'il veut faire ;
Tous les arts sont sous sa loi :
De grâce, dis-moi, ma chère,
Ce qu'il sait faire pour toi.

Adieu, madame, je vous aime comme il faut vous aimer quand on est votre fils, et même quand on ne l'est pas.

LETTRE VIII.

Je vous envoie pour vos étrennes un petit dessin d'un Voltaire, pendant qu'il perd une partie aux échecs. Cela n'a ni force ni correction, parce que je l'ai fait à la hâte, à la lumière et au travers des grimaces qu'il fait toujours quand on veut le peindre ; mais le caractère de la figure est saisi, et c'est l'essentiel. Il vaut mieux qu'un dessin soit bien commencé que bien fini, parce qu'on commence par l'ensemble, et qu'on finit par les détails.

Je continue à m'amuser ici ; je suis toujours fort aimé, quoique j'y sois toujours. Vous ne sauriez vous figurer combien l'intérieur de cet homme-ci est aimable ; il serait le meilleur vieillard du monde, s'il n'était point le premier des hommes : il n'a que le défaut d'être fort renfermé, et, sans cela, il ne serait point aussi répandu. Il est venu hier chez lui un Anglais qui ne peut se lasser de l'entendre parler anglais, et réciter tous les poëmes de Dryden, comme Pampan récite *la Jeanne*. Cet homme-là est trop grand pour être contenu dans les limites de son pays; c'est un présent que la nature a fait à toute la terre. Il a le don des langues et des in-folio; car on ne sait pas comment il a eu le temps d'apprendre les unes et de lire les autres.

J'ai peint ici une jolie petite femme de Genève, minaudière, avec un grand succès; et comme on la croyait fort difficile, tout le monde est à mes genoux pour des portraits; mais je suis fort las de ne pas vous voir au milieu des différens plaisirs que j'ai ici, pour céder aux instances qu'on me fait; j'ai beau m'amuser, vous me manquez partout; il me semble presque que tous mes plaisirs ont besoin de vous.

Adieu, madame la marquise : il est deux heures, je meurs de sommeil, et je crois même que je vous endors par ma lettre.

LETTRE IX.

Vous jouez un peu le *personagio muto* dans notre correspondance; je dirais à quelque autre qu'elle n'en est pas moins aimable; mais vous ne gagnez rien à vous faire prier; vous avez une avarice d'esprit qui n'est point pardonnable avec vos richesses. Je vois qu'il faudra bientôt que je retourne à Lunéville pour vous aider à m'écrire. Enfin j'ai rompu le vœu que j'avais fait de ne point faire de vers chez Voltaire; il m'en a fait de si jolis, que cela est devenu pour moi une affaire de reconnaissance. Les dieux ont récompensé la pureté de mes intentions, et pour la première fois de ma vie j'ai fait quelques vers de suite sans être mécontent de moi. Voilà ses vers :

Croyez qu'un vieillard cacochyme,
Chargé de soixante et dix ans,
Doit mettre, s'il a quelque sens,
Son corps et son âme au régime.
Dieu fit la douce illusion
Pour les heureux fous du bel âge;
Pour les vieux fous l'ambition,
Et la retraite pour le sage.
Vous me direz qu'Anacréon,
Que Chaulieu même et Saint-Aulaire
Tiraient encor quelque chanson
De leur cervelle octogénaire:
Mais ces exemples sont trompeurs,
Et quand les derniers jours d'automne
Laissent éclore quelques fleurs,
On ne leur voit point les couleurs
Et l'éclat que le printemps donne;
Les bergères et les pasteurs
N'en forment point une couronne.
La Parque, de ses vilains doigts,
Marquait d'un sept suivi d'un trois
La tête froide et peu pensante
De Fleuri qui donna des lois
A notre France languissante.
Il porta le sceptre des rois,
Et le garda jusqu'à nonante.
Régner est un amusement
Pour un vieillard triste et pesant,

De toute autre chose iucapable ;
Mais vieux poëte, vieil amant,
Vieux chanteur, est insupportable.
C'est à vous, ô jeune Boufflers,
A vous dont notre Suisse admire
Les crayons, la prose et les vers,
Et les petits contes pour rire ;
C'est à vous de chanter Thémire
Et de briller dans un festin,
Animé du triple délire
Des vers, de l'amour et du vin,

Et voici ma réponse :

Je fus dans mon printemps guidé par la folie,
Dupe de mes désirs, et bourreau de mes sens ;
Mais, s'il en était encor temps,
Je voudrais bien changer de vie :
Soyez mon directeur, donnez-moi vos avis :
Convertissez-moi, je vous prie,
Vous en avez tant pervertis !
Sur mes fautes je suis sincère
Et j'aime presque autant les dire que les faire.
Je demande grâce aux amours :
Vingt beautés à la fois trahies,
Et toutes assez bien servies,
En beaux momens, hélas ! ont changé mes beaux jours,

J'aimais alors toutes les femmes ;
Toujours brûlé de feux nouveaux,
Je prétendais d'Hercule égaler les travaux,
Et sans cesse auprès de ces dames,
Etre l'heureux rival de cent heureux rivaux.
Je regrette aujourd'hui mes petits madrigaux ;
Je regrette les airs que j'ai faits pour mes belles ;
Je regrette vingt bons chevaux
Qu'en courant par monts et par vaux,
J'ai, comme moi, crevés pour elles ;
Et je regrette encore plus
Les utiles momens qu'en courant j'ai perdus.
Les neuf Muses ne suivent guère
Ceux qui suivent l'Amour ; dans le métier galant,
Le corps est long-temps vieux, l'esprit long-temps enfant.
Mon esprit et mon corps, chacun pour son affaire,
Viennent chez vous, sans compliment,
L'esprit pour se former, le corps pour se refaire :
Je viens dans ce château voir mon oncle et mon père.
Jadis les chevaliers errans,
Sur terre après avoir long-temps cherché fortune,
S'en allaient chercher dans la lune
Un petit flacon de bon sens :
Mais je vous en demande une bouteille entière ;
Car Dieu mit en dépôt chez vous
L'esprit dont il priva tous les sots de la terre,
Et toute la raison qui manque à tous les fous.

Souvenez-vous de moi, madame, auprès de vous et auprès du roi; dites-lui de ma part sur la nouvelle année:

De tout temps unanimement,
Sire, on vous la souhaite bonne;
Et, pour répondre au compliment,
Votre majesté nous la donne.

Et vous, ma chère maman, comme vous valez mieux que tout ce qui m'amuse ici, pour briser tous mes liens, mandez-moi que vous êtes malade et que vous avez besoin de moi: ce sera une raison pour tout brusquer et pour revoler à vous. Mais n'allez pas vous y prendre grossièrement, parce que je serai obligé de montrer votre lettre.

LETTRE

ÉCRITE DES PARAGES D'AFRIQUE

A Mme DE***.

En pleine mer, ce 20 avril 1787.

MON cher patron me pardonnera sans peine de lui avoir adressé de préférence les détails de ma triste navigation dans les mers d'Afrique, et d'avoir réservé pour son aimable compagne le récit du peu de choses agréables que j'ai pu rencontrer au milieu de tant d'ennuis.

De tout ce que j'ai vu dans mes voyages par terre et par mer, le cap de Serre-Lionne est ce qui m'a le plus frappé par sa beauté. Ce n'est point à beaucoup près une beauté soignée; mais son air agreste, et même un peu farouche, la rend mille fois plus piquante. Je ne vous parlerai point d'un fleuve de quatre ou cinq lieues de large, bordé d'un côté par des plaines et des forêts immenses qui s'ouvrent pour faire place à cent rivières et à mille ruisseaux empressés de se rendre à la cour de leur monarque; mais je voudrais pouvoir tourner vos regards vers l'autre bord, et vous faire admirer un groupe de montagnes en amphithéâtre, couvertes de toutes les productions de l'Afrique, se masquant, se découvrant à demi, tantôt entassées sur une même base de roches, tantôt séparées par des baies, des ruisseaux, des torrens et des lacs; mais conservant dans leur variété une liaison, un ensemble et une harmonie que vous sentiriez mieux que personne, et que vous y auriez mis vous-même, si vous aviez été chargée de diriger l'ouvrage. Le premier aspect m'a saisi, et mon admiration augmentait à mesure que j'approchais : je côtoyais à cinquante pas de distance une rive élevée en terrasse, couverte de cabanes riantes, au-dessus desquelles des palmiers dispersés sans ordre, mais non pas sans agrément, se remontraient encore dans les eaux; derrière cette terrasse s'élèvent des coteaux plus irréguliers, tout couverts de bananiers, de citronniers, de papayers, de goyaviers, et d'une multitude d'autres végétaux inconnus en Europe; au-delà de ces coteaux on voit les sommets d'une chaîne de collines vertes, dont les contours variés se dessinent sur la couleur plus rembrunie des hautes montagnes qui semblent se tenir derrière elles, comme des mères imposantes qui observent une jeune famille; une d'entre ces dernières s'élève au-dessus de toutes les autres, et sa cime dégarnie ressemble à un trône où je crois que personne ne s'est encore assis. Toute cette belle architecture est fondée sur des piles de rochers d'où coulent de toutes parts les plus belles et les meilleures eaux du monde : les unes s'élancent jusque dans la mer en cascades abondantes, et les chaloupes s'approchent sans danger pour les recevoir au passage; d'autres coulent en rivières, d'autres s'étendent en nappes sur des rochers qu'elles ont aplatis; d'autres enfin (et ce sont celles que j'aime le mieux) coulent doucement entre des arbres toujours verts, et m'ont souvent rafraîchi dans mes courses.

Tant de charmans objets ont ranimé mes esprits abattus par de longues contrariétés; je maudissais la nature de ne m'avoir point donné d'ailes pour m'élancer sur ce trône extraordinaire qui frappait toujours ma vue; il me semblait qu'un voyageur assez libre, assez hardi, assez heureux pour atteindre à cette hauteur, n'en voudrait jamais descendre; qu'il y trouverait une zone tempérée au milieu de la zone torride; qu'il y respirerait un air dégagé de toutes les vapeurs malignes ; qu'il y jouirait d'un soleil à la fois plus clair et moins ardent ; qu'il s'y nourrirait de tous les végétaux empressés de croître à ses pieds, et qu'il s'y abreuverait de cette eau vraiment pure dont la source, comme dit le Dante, est dans la volonté du Créateur. Il ne faudrait parler là ni d'intérêt ni d'ambition ; si cependant on avait celle d'être réformateur, il y aurait de quoi la satisfaire, car l'intérieur du pays est, dit-on, peuplé d'anthropophages, et l'on pourrait être tenté d'y faire une mission pour engager ces bonnes gens à changer de morale et de régime.

Les productions du sol m'ont encore plus étonné que le paysage, et les chênes de Dodone sont des arbustes en comparaison des arbres de Serre-Lionne. Je n'étais pas doué comme Adam de la faculté de donner à chacun son nom, aussi je les ignore tous ; mais tous sont d'un bois plus ou moins précieux, tous résistent à la cognée de manière à décourager le bûcheron; presque tous ont de larges feuilles vernissées; tous sont plus ou moins chargés de fleurs, de fruits, de graines, proportionnés à leur taille, et j'en ai rapporté des cosses de trois pieds de longs, courbées en lames de sabre, avec des fèves grosses comme des dames de trictrac. La plupart de ces titans du règne végétal sont enchaînés par d'énormes lianes; j'en ai observé d'aussi grosses que moi, qui, dans leurs différens replis, peuvent avoir au moins trois ou quatre cents toises de long: les unes paraissent des dragons entortillés au pied de l'arbre des Hespérides; les autres s'attachent aux grosses branches, forment toutes sortes de nœuds, et retombent de cent pieds de haut presque jusqu'à terre en longs festons, soutenues des deux bouts par les cimes de deux arbres amis dont ils semblent être le lien commun.

Toutes ces beautés étaient autant d'obstacles à ma marche; les intervalles sont si étroits, si embarrassés d'arbrisseaux, de pins et de plantes (entre autres d'ananas superbes), que je ne pouvais me promener que précédé de haches comme un dictateur, encore mes licteurs et moi étions-nous souvent contraints de revenir tout écorchés sur nos pas. C'est particulièrement dans la variété des fleurs, des fruits, des graines, des herbes, et même des plantes rampantes, que la nature s'est plû à montrer sa magnificence : si j'avais été botaniste, j'y serais encore; là, rien n'est indifférent; tout y a une odeur, une saveur, une vertu ou une malignité particulière; tout est délicieux, salutaire ou funeste; il semble à cette profusion d'espèces diverses et même contraires, à cette surabondance de sève, inconnue partout ailleurs, et plus encore à la chaleur humide et active du sol, que la terre y soit dans le feu de la composition, et qu'elle ne puisse mettre ni ordre ni choix dans ce qu'elle enfante. A la vue de tant de baumes et de poisons, j'étais tenté de proposer au ministre d'envoyer ici un détachement d'apothicaires ; ils y seraient mieux placés et plus utiles que des soldats. C'est vraiment un meurtre qu'une aussi belle et une aussi bonne terre ne soit pas livrée à une culture savante, qui distinguerait et protégerait les espèces utiles, et qui s'opposerait aux progrès du reste : il y faudrait, comme je le disais d'abord, des hommes actifs, intelligens et désintéressés, qui sussent aimer la nature, saisir son esprit, sentir ses besoins, et la diriger vers sa perfection ; mais au lieu de cela, il n'y a que des nègres qui ne songent à rien, ou des blancs qui ne songent qu'aux nègres.

J'aurais voulu, ne fut-ce qu'à votre intention, porter plus loin mes reconnaissances, mais le temps et les moyens me manquaient, et même quelquefois les forces. Il fallait entrer dans les bras de rivières qui ne portaient que de petites pirogues, et remonter à la rame entre des mangliers, dont les branches chargées d'huîtres retombaient de tous côtés dans la vase, et même s'entrelaçaient d'un bord à l'autre. D'ailleurs, cette manière de gravir la hache à la main entre des bois armés d'épines, ou plutôt d'épées, est si fatigante, et le climat est si contraire à la fatigue, que je pouvais à peine donner une heure par jour à mes chères montagnes : je m'en suis donc séparé, leur disant, selon toute apparence, un éternel adieu, et tournant mes pensées vers la montagne du Pecq, vers la terrasse de Saint-Germain, vers le château, les jardins, et surtout le maître et la maîtresse du V.....

LETTRE
ECRITE DE MALAPANE
EN HAUTE SILÉSIE.

Koenyshoulde et Malapane, ce 26 et 27.

Tu te plains de moi, je me plains de toi ; nous voilà donc quitte à quitte ; quand je pourrai, je reprendrai bien vite entre tes draps, entre tes bras mon gîte ; et l'Amour, que l'Hymen tiendra par la main, ne reprendra plus la fuite.

Tu vois bien à l'arrangement des lignes que ma première idée n'était point de faire des vers, et tu vois à l'arrangement des mots que cela s'est tourné en une chanson sur l'air : *Ton cœur et le mien s'accorderont bien.*

Il faut te parler à présent de tous mes ennuis, et de quelques momens agréables qui me les ont fait trouver moins insupportables que je ne m'y serais attendu.

Imagine-toi qu'en sortant de Breslau, j'ai été chez monsieur de St..., second gendre de notre bon ministre.

Je suis arrivé dans une grande maison nouvellement achetée, à demi-meublée ; mais comblée de monde. La petite baronne voulait fêter le jour de naissance de son mari, et avait prié tous les environs à un grand dîner, suivi d'un grand bal, interrompu par un grand souper. Moi qui danse comme tu sais, j'ai vu que ce n'était pas là mon fait, et j'ai voulu m'en aller tout de suite à Oppeln, petite ville capitale de la haute Silésie, où le ministre m'avait adressé à un bailli qui devait me fournir toutes sortes de renseignemens au sujet des colonies de la haute Silésie. Point du tout, on m'arrête de force, et je reste jusqu'à quatre grandes heures du matin, immobile au milieu des walses comme un rocher au milieu des vagues; enfin, tout étourdi de tout ce mouvement, et fatigué comme si j'avais dansé depuis le premier coup d'archet jusqu'au dernier, je vais chercher un lit pour me reposer des plaisirs des autres. Après trois ou quatre heures de sommeil, je remonte à cheval sans me donner le temps de déjeuner, et je prends la route d'Oppeln, où je croyais ne pouvoir me rendre assez vite. J'arrive mourant de faim chez monsieur le bailli, avec la lettre ministérielle à la main : monsieur le bailli était à la chasse, et devait revenir à midi. Point du tout, à quatre heures il revient à peine avec les compagnons et les victimes de ses plaisirs, deux messieurs et quatre lièvres; il lit avec assez d'indifférence apparente la lettre du comte, et me dit que je puis rester dans sa maison. Je voudrais, lui dis-je, aller demain visiter les colonies,

Il sera temps après demain, dit-il; j'ai demain la pêche d'un grand étang à laquelle je vous invite. Mais, lui dis-je, donnez-moi au lieu de cela un guide, afin que je fasse mes affaires. Point de guide, point d'affaires; la pêche sera superbe, il faut que vous la voyiez. Allons, je suis en votre pouvoir, ainsi je cède; mais au moins promettez-moi de m'expédier après demain. Oh! après demain sans faute, à l'heure qu'il vous plaira. Je reste; il tombe une pluie à verse; ainsi point de pêche, car on aurait pu pêcher des hommes aussi bien que des poissons, attendu que l'élément était devenu commun aux deux genres: cependant comme il faut s'amuser quand on ne peut pas s'occuper, on me dit qu'on va faire une partie chez *son excellence* (la ville n'avait assurément pas l'air de pouvoir contenir *une excellence*). Qui donc? demandai-je humblement à ces messieurs. Le général Manstein, me répond-on. Me voilà enchanté en pensant que je vais voir le *vertueux* Manstein des mémoires de Dumourier, que je vais trouver un homme parlant français, et dont la conversation doit être pour moi surtout du plus grand intérêt. Je prie donc quelqu'un de l'honorable compagnie, qui y allait avant les autres, de faire mes très-humbles complimens au général, et de lui demander pour moi la permission de lui rendre mes devoirs. Dans l'intervalle on se rasseoit, et l'on se met à fumer des pipes énormes: on me demande si j'aime à fumer; je dis que je n'ai jamais fumé; on me plaint, car la pipe, dit-on, est l'amie de l'homme: quoi qu'on fasse, elle vous tient compagnie; elle vous occupe dans vosennuis, et ne vous distrait point dans vos affaires; sans vous empêcher absolument de parler, elle vous invite au silence et vous laisse à vos réflexions, *et puis l'on crache, et cela fait toujours plaisir;* à cheval je fume, et je ne pense point à la longueur du chemin, parce qu'un demi-mille de plus n'est qu'une pipe de plus. A mon bureau, j'écris sans que ma pipe m'embarrasse, et je fume sans que ma plume me gêne, *et puis l'on crache, et cela fait toujours plaisir.* D'ailleurs, quelque part qu'on arrive, si la chambre est sale, la fumée de la pipe vous empêche de le voir; si elle est puante, la fumée de la pipe vous empêche de le sentir, *et puis l'on crache, et cela fait toujours plaisir.* Enfin, nous allons chez le général. Je trouve un bon vieux militaire ne sachant pas un mot de français; mais l'honnêteté et la bonhomie étaient écrites sur son visage dans toutes les langues, puisqu'elles l'étaient pour tous les yeux. Il ne prend pas trop garde à votre serviteur, dont on avait arrangé le nom à la diable, et continue à fumer silencieusement. On arrange une partie d'hombre assez chère, dont tu penses bien que je ne me mêle pas, car je ne sais pas l'ombre de l'hombre; et puis de la petite tabagie où nous étions nous passons par un mauvais petit escalier à une assez bonne chambre, où nous soupons très-suffisamment, mais très-frugalement; on retourne ensuite jouer, fumer et se taire, et puis l'on va se coucher après avoir promis de revenir dîner le lendemain.

L'impossibilité de se mettre en campagne à cause du déluge dont le ciel semblait donner la seconde représentation à la haute Silésie, m'oblige à être de la partie. Même traitement que la veille, même indifférence, même chère, même fumée, même jeu, même silence, mêmes complimens; et puis l'on se quitte pour se retrouver le soir: on retourne en effet; mais comme on ne m'avait rien dit, je ne retourne point, et je reste avec la femme et les enfans de mon hôte. Arrive une ordonnance du général, qui me prie très-instamment de venir: j'obéis; le général me fait des reproches de mes façons avec lui, et paraît prendre un tant soit peu plus garde à moi que la veille. Quelques questions au sujet de la France, de la révolution, des malheurs des émigrés, du nouvel établissement en Prusse méridionale, auxquelles je réponds dans des termes sans doute barbares, mais d'une manière qui a l'air de les intéresser, me donnent un petit degré de considération de plus; mais qu'est-ce que cela, quand d'ailleurs on ne chasse, ne joue, ni ne fume?

Le lendemain, c'était avant-hier, je monte à cheval, et je vais avec l'écrivain du bailli visiter une colonie à un mille et demi; et après m'être bien fait rendre compte de tout par un homme très-intelligent, un jeune maître d'école, que je prendrais, si je le pouvais, pour le mien, je reviens dîner chez le bailli : le général y arrive; je vois beaucoup de pourparlers entre lui et diverses personnes de la compagnie, et particulièrement avec le bailli,

Enfin, au bout de quelque temps, le général m'appelle dans une chambre à part : Tenez, dit-il, mon cher ami, il faut que je vous avoue que dans les premiers momens je ne vous ai pas connu ; mais je me suis fort informé de vous ; vous êtes un galant homme, vous descendez d'un grand militaire, et vous avez perdu une très-grande fortune ; vous paraissez même être actuellement dans le malheur et dans le besoin ; faites ce que je ferais à votre place, acceptez les offres et les secours d'un ami : en disant ces mots il tire un paquet d'or qu'il veut me faire prendre. Tu penses bien comme je remercie et comme je refuse ; je lui dis les larmes aux yeux : Non, mon cher général, je vous jure que, si j'étais dans le besoin, j'aimerais mieux recevoir d'un digne homme comme vous que de tout autre, et que, si je pouvais y retomber, je m'adresserais à vous. — Complimens que tout cela, dit-il. — Ah ! général, vous entendez à ma voix, et vous voyez à mes yeux que c'est le sentiment qui parle. Eh bien! acceptez donc, dit-il, l'offrande de l'estime et de l'amitié. Je reçois, lui dis-je, avec une tendre reconnaissance l'assurance de cette estime et de cette amitié; mais l'hospitalité que je reçois dans les états du roi de Prusse ne me laisse rien à désirer pour le présent ni à craindre pour l'avenir. Là-dessus nous nous sommes embrassés comme deux frères, et il est passé dans l'autre chambre, où je l'ai suivi après avoir laissé à mes yeux et à mon visage le temps de dérougir. Le dîner a été plus gai qu'à l'ordinaire; il m'a paru qu'on me faisait meilleure mine; et après dîner, pour donner au général une marque d'amitié, et brûler mon encens, pour ainsi dire, sur l'autel de la reconnaissance, devine ce que j'ai fait; non, tu ne le devineras pas: j'ai fumé une pipe, la première et la dernière de ma vie.

Hier j'ai pris mon chemin par la Pologne, et le temps paraît d'accord avec mes projets. J'ai vu en passant un superbe établissement des marchands de fer de Breslau pour la fabrication et le dépôt de tous les objets possibles de taillanderie ; ce qui nous sera de la plus grande utilité. Je suis à présent à Malapane, où j'ai été recommandé par le comte de R..., neveu, bras droit et successeur désigné du comte d'Kt........ Je suis logé et défrayé par la chambre des mines, et je vois des établissemens dignes de l'Angleterre, des fourneaux de toute espèce, et des ouvrages de fonte qui s'étendent depuis le caillou extrait de la mine jusqu'au bas-relief le plus délicat et le plus soigné : ils viennent de couler un pont en fer, qui sera placé à Berlin, presqu'en face du comte de N...... Il y en a un beaucoup plus considérable, placé depuis quelques années dans ce pays-ci ; mais je n'ai pas le temps de l'aller voir. On compte en Angleterre en faire un presque aussi large que le pont royal, et d'une seule arche. L'homme est vraiment en quelque sorte roi des choses ; mais par malheur il ne l'est pas de lui-même. C'est à cause de cela que mon projet est de me démettre de mon autorité sur ma personne, et de la confier à une petite reine de ma connaissance, qui en disposera suivant son plaisir.

Adieu, ma bonne petite femme ; si tu peux me lire, tu seras plus habile que moi ; car c'est à qui sera le plus mauvais de la plume, de l'encre ou du papier ; n'importe, aucun des trois ne se refusera à te faire savoir que je t'aime et que je t'embrasse de tout mon cœur.

FRAGMENT

D'UNE RELATION D'UN VOYAGE DE PLAISIR DANS LA POMÉRANIE SUÉDOISE.

Me voici arrivé clopin clopant dans cette ville fameuse par tant d'événemens, dont je ne te parlerai pas plus que si tu les savais par cœur ; mais ce que tu apprendras avec peine, c'est que nos deux belles Suédoises nous ont trompés ; que la foire qui, à les entendre, devait durer tout ce mois, est finie d'hier, et que voilà nos spéculations renversées et nos espérances évaporées.

J'étais à peine entré dans la ville, et je raisonnais encore avec le sergent de la garde, lorsque je vois venir un chariot attelé de deux superbes chevaux, et portant deux hommes, dont un me regardait beaucoup. Pendant que je regardais beaucoup les chevaux, et que j'enviais seulement une de leurs jambes pour ma jument boiteuse, tout à coup le chariot s'arrête, l'homme saute à bas, et vient à moi avec un empressement vraiment touchant : c'était un excellent domestique que le comte de Leuven avait prêté à la comtesse de G.... pour la servir pendant son voyage avec la princesse de Suède, qu'elle avait renvoyé à Stralsund après l'avoir gardé quelque temps à Reinsberg, et qui en était parti pleurant à chaudes larmes de quitter son excellente dame. Il me salue avec la joie peinte dans les yeux, charmé de voir quelqu'un qui venait de voir les deux comtesses, et croyant, pour ainsi dire, apercevoir leur image dans mes prunelles. Il me demande de leurs nouvelles, et de celles de presque tout Reinsberg, à commencer par le prince, à qui tu feras bien de le dire; sûrement il y sera sensible ;

car toute amitié vaut son prix, surtout celle qui sans intérêt franchit un si grand intervalle ; et puis le bon serviteur me quitte en me disant que, dès que sa courte promenade sera finie, il se réjouit d'annoncer ma venue à son maître.

Je continue ma marche jusqu'à mon auberge, et je me mets aussitôt en devoir de changer de tout, à commencer par la chemise. J'en étais là, et l'une était déjà ôtée, et l'autre n'était pas encore passée, que ma porte s'ouvre avec un fracas épouvantable, et qu'un grand et bel homme, avec un bel habit et une belle écharpe, entre dans ma chambre, à ma grande confusion : c'était le général Paulet, qui, frappé de mon nom qu'on venait de lui montrer sur le rapport des portes, n'avait pas voulu attendre ma visite. Assurément jamais dans une première entrevue on ne s'est montré aussi à découvert que je l'ai fait ; la conversation n'a pas été longue, ni ma toilette non plus, et au bout de dix minutes j'étais déjà en chemin pour aller rendre cette visite, que j'étais si honteux d'avoir reçue dans un costume si étrange. Le général, me voyant de sa fenêtre diriger mes pas vers sa maison, est venu à ma rencontre, et m'a dit que je trouverais sa femme dans l'affliction, parce qu'elle venait de perdre son fils aîné, âgé de vingt-deux ans, sujet de la plus grande espérance, et déjà d'un grand mérite; qui, pour se perfectionner dans son métier d'artilleur par une étude profonde des mathématiques, était allé faire un cours de calcul infinitésimal à l'université de Gottingen, et qui, à force d'application, était tombé dans la phthisie, dont il est mort : il y avait à peine huit jours que ces pauvres gens en avaient la nouvelle. Madame Paulet m'a paru dans un état affreux; tous ses efforts pour me cacher une partie de sa désolation ne servaient qu'à la mieux montrer; le rouge qu'elle venait de mettre était déjà sillonné par de nouvelles larmes, dont ses yeux semblaient être à la fois épuisés et inépuisables. Embarrassé et touché de ce spectacle, après avoir payé le tribut de compassion que l'inconnu même doit à l'affligé, je lui ai parlé de ce qui lui restait, un jeune fils de dix-huit ans (qui au moment où j'en parle entre dans ma chambre; c'est assurément une des belles figures et un des plus aimables jeunes hommes que j'aie jamais vus; l'habit suédois, et surtout l'uniforme d'aide-de-camp du roi, qu'il a porté dans la dernière guerre, semblent faits exprès pour relever son éclat et sa taille). Il a deux sœurs, dont l'une, jolie comme un petit ange, et digne amie de notre aimable Aurore, était chez sa mère; et l'autre est à Stockholm, dame de la reine. Je remontrais donc à cette pauvre dame que ce qui lui restait ferait encore la jalousie de bien des mères; mais rien ne sait moins calculer que la douleur : la mort d'un fils éperdûment aimé n'est point une perte ; c'est une plaie pour laquelle il n'y a d'autre baume que le temps.

De chez monsieur Paulet j'ai été chez l'oncle de notre brave et bon ami. J'ai trouvé un homme d'environ soixante et cinq ans, fort maigre, et paraissant relever de maladie : je ne saurais te donner mieux l'idée de sa figure que par celle de monsieur de Saint-Germain, non le Rose-Croix, mais le ministre, auquel il ressemble, et par la taille, et par le visage, et par les manières, et par le son de la voix. Il m'a reçu très-poliment, même assez gracieusement ; mais cependant point d'une manière aussi affectueuse que je m'y attendais, d'après la lettre dont j'étais porteur ; il est vrai qu'il ne l'avait pas lue (il est vrai aussi que depuis qu'il l'a lue il ne s'est pas fort attendri, puisqu'il n'a point envoyé chez moi ce matin, qu'il est midi, et que je vais dîner à table d'hôte). Au reste, il m'a paru avoir des façons très-nobles, et sa tendresse pour ses nièces me console de sa froideur pour moi.

Je lui ai demandé à voir sa maison ; il m'en a montré une partie, et celle qui m'intéressait le plus, car c'était l'appartement de notre comtesse, qui couche dans un lit très-élégant, et surtout très-appétissant, de beau damas cramoisi. Je sais bien que cette couleur-là n'est plus en faveur ; mais ce qui est passé de mode à Paris pourrait bien n'y être pas encore arrivé à Stralsund. Du reste, il y a dans les recoins les plus secrets de l'appartement toutes les recherches de délicatesses en tout genre, que Périclès aurait pu faire mettre dans l'appartement d'Aspasie et de ses dépendances. Mais si l'attirail de la chambre à coucher est un peu mondain, on peut dire en revanche que l'ornement est tout en Jésus-Christ ; car il consiste dans deux tableaux dont l'un est une copie de la Sainte-Famille de Raphaël; et l'autre, un Christ qui a pu autrefois être original, mais qui, à force d'être repeint de tous côtés, ressemble à de la dentelle d'Angleterre raccommodée avec du fil à torchon : du reste, la maison est farcie de tableaux tels que tu te les figures; une grande salle entre autres est pleine de rois, de reines et de princes et de princesses de Suède, à commencer par Gustave-Vasa jusqu'au roi actuel : la seule chose qui m'ait frappé, c'est que dans toute la collection il n'y a presque pas un homme qui n'ait eu quelque mérite, et j'en étais presque jaloux en pensant que dans un autre pays pareil nombre de rois pris au hasard n'aurait pas soutenu la concurrence.

Je sors de mon pauvre dîner avec de tristes marchands qui n'avaient en tête que leurs paquets et leur tournée, et dont il n'y avait pas un mot à tirer pour la conversation, comme s'ils avaient emballé leur esprit avec leurs marchandises. En voyant leur préoccupation, leur tristesse, leur sobriété, leur silence, je pensais que rien n'est plus contre notre intérêt que de vouer notre vie à l'intérêt; on manque perpétuellement de tout ce qu'on amasse, et l'on se passe de tout ce qu'on se promet; on s'abonne à être mal nourri, mal vêtu, mal logé, pour être un jour en état de faire une excellente chère, d'être bien habillé, et d'habiter une belle maison : on se passe de domestiques afin d'avoir un jour de quoi en payer davantage; enfin on sacrifie toujours le présent à l'avenir, jusqu'à ce que le présent passe et que l'avenir ne vienne point. Voilà pourtant la vie de la plupart des marchands, ou, pour mieux dire, de la plupart des hommes qui, trompés par la prévoyance même, se livrent à l'intrigue, aux affaires, au travail, à des privations de tout genre, et reculent toujours l'instant de jouir : il faudrait à ces messieurs un Cinéas qui leur dît comme à Pyrrhus : Eh ! seigneur, qui vous empêche de commencer dès aujourd'hui ?

Mais revenons à notre comte de L....... Il m'a paru qu'il était justement embarrassé de ne parler que français, et moi, de mon côté, je l'étais de lui proposer de lui parler allemand, car c'eût été lui faire entendre que je ne l'entendais pas. Dès que le mot le plus connu, le plus courant lui manque, il y supplée par un mot allemand, ou même suédois, auquel on ne s'attend point du tout. Il vous dira, par exemple : C'est un très-honnête *mann*, pour dire *honnête homme.* En me faisant entrer dans la salle où sont les portraits dont je t'ai parlé, il me dit : Vous allez voir tous les ..... de la Suède, il voulait dire *les rois;* mais il y a suppléé par le mot équivalent en suédois, que tu demanderas à la comtesse, moi je n'ai pas le courage de le prononcer. Ce qui m'a le plus diverti, c'est qu'en me montrant le portrait de la reine Christine, il l'a honorée du titre de *grand*. . . . , c'est-à-dire, de *grand roi*, en trois lettres.

J'ai trouvé chez lui ce bon comte de Brahe, qui vient de partir ce matin pour aller voir ses terres dans l'île de Rugen ; il emmène avec lui sa belle femme, que j'ai rencontrée peu après dans la rue, et à qui son mari m'a présenté comme ayant une lettre à lui remettre de la part de notre comtesse ; de là j'ai passé chez le général d'Arnfed, gouverneur de la Poméranie, chez qui je n'ai pas été reçu, et qui a ce matin envoyé son fils chez moi pour m'en faire des excuses de la manière la plus flatteuse, en me disant que, si ses domestiques avaient pu lui prononcer mon nom, toutes les portes m'auraient été ouvertes ; il vient de me faire prier à dîner pour dimanche.

M. Paulet, de son côté, m'a invité pour demain, et je compte partir lundi ; en sorte que, selon toute apparence, je n'aurai pas mangé chez monsieur de L......., sur qui pourtant j'avais fondé tout l'espoir de ma cuisine. Au reste, j'ai remarqué depuis long-temps que la chose la plus vraisemblable est précisément celle qui n'arrive pas. Mais crois-tu que je sois venu à Stralsund seulement pour t'écrire? non par ma foi; je vais me promener dans la ville, et voir si je trouve quelque chose digne de t'être raconté. Eh bien! ma fille, je n'ai rien vu qu'on ne voie partout; le port m'a paru mesquin, le commerce languissant, le peuple misérable, les troupes médiocrement exercées; du reste la ville est malpropre, mal bâtie; point de promenades au-dedans ni au-dehors, point de ces jolis jardins, de ces jolis pavillons dont les villes de commerce sont ordinairement entourées, parce que les négocians, las de ne chercher que du profit dans l'intérieur de leur cité, veulent quelquefois trouver du plaisir hors des murs.

La faute est d'autant plus sotte ici et d'autant plus impardonnable, que la variété et la bonté du terrain des environs fourniraient aux plus charmantes positions et aux plus admirables jardins. Pendant que je me traînais tout pensif entre ces vilaines maisons, sur les pavés raboteux de ces rues tortueuses, une réflexion profonde s'est emparée de mon esprit, et m'a suivi dans toute ma promenade. Je cherchais à m'expliquer à moi-même ce qui a pu porter les hommes à quitter l'abri des bois, l'air pur des montagnes, le charme éternellement attaché aux belles prairies, aux plaines fertiles, aux clairs ruisseaux, aux frais bocages, à la paisible compagnie des utiles troupeaux, pour venir respirer un air malsain, sous des toits rapprochés, où dans l'espace de quelques arpens de terre on rassemble la population d'une vaste contrée : la plupart y vivent péniblement, toujours inquiets de manquer de la plus simple nourriture que la campagne leur offrirait plus abondante et plus savoureuse; la plupart se condamnent aux plus vils et aux plus pénibles travaux pour un salaire modique, et souvent incertain, au lieu des travaux champêtres, qui sont toujours nobles, toujours agréables, toujours sains, et toujours payés, ne fut-ce que par la nature. Je crois savoir à peu près ce qu'on peut dire en faveur des villes; que, sans elles, les sciences, les arts seraient encore dans leur enfance; que pendant qu'une partie des hommes cultive la terre il est à propos qu'une autre partie cultive un domaine encore plus vaste, encore plus fertile, et dont il y a tous les jours de nouvelles productions à attendre, *l'esprit humain.*

Je demanderais d'abord à quoi tout cela est bon. A commencer par les sciences, elles ont fait plus de fous que de sages, elles ont plus égaré qu'éclairé ; elles sont bien vite sorties du cercle de l'utilité, craignant sans doute de s'avilir. et se sont perdues dans les idéalités qui ne sont d'aucun profit ; enfin, pour le malheur du monde, elles ont établi l'inégalité des conditions dans les esprits, inégalité aussi nuisible, aussi odieuse pour le moins que dans les fortunes.

Il en est à peu près de même des arts, quoiqu'ils paraissent avoir quelque chose de plus conforme à nos besoins que les sciences. Je les distingue en deux classes : les arts libéraux, c'est-à-dire, inutiles ; et l'industrie, ou les arts utiles. Je ne sais trop si le rassemblement des hommes en grandes masses, ou, pour mieux dire, en gros tas, comme ils sont dans les villes, est absolument nécessaire à la perfection des arts prétendus libéraux, et qu'on pourrait tout aussi bien appeler *intéressés*. Ce que je sais, c'est que les arts par eux-mêmes n'étant point nécessaires (puisqu'on se portait fort bien avant leur invention), leur dernier degré de perfection l'est encore moins. Ce que je sais encore mieux, c'est que la plupart de ces arts, originairement enseignés par la nature, peuvent être étudiés sous sa direction et sous ses auspices dans les habitations champêtres, et qu'ils peuvent, suivant les divers talens naturels dont tous les hommes sont plus ou moins doués, y être portés à un degré de perfection plus que suffisant pour délasser des travaux fatigans, et pour remplir avec délices les intervalles des occupations de la campagne.

Examinons maintenant si les villes sont absolument nécessaires aux progrès et à la conservation des arts utiles. Je vois fort peu de ces arts, à commencer par le premier et le principe de tous, la mécanique, qui ne puisse être aussi en honneur à la campagne qu'à la ville.

Je crois facilement que dans les villes

on a souvent trouvé divers perfectionnemens dont les campagnes ont ensuite profité ; mais presque toutes les inventions sont originaires des champs : la nature était là pour les suggérer ; son génie bienfaiteur est toujours prêt à inspirer les hommes qui vivent sous sa loi, et à leur indiquer le moyen à côté du besoin. Qui est-ce qui a opposé la première digue aux débordemens? qui est-ce qui a le premier pompé les eaux d'un terrain trop humide pour les distribuer dans des terrains desséchés? qui est-ce qui a construit la première charrue, le premier moulin, le premier chariot, la première maison? Ce sont des hommes, de simples hommes de la campagne. Toutes ces idées si simples, mais si grandes, ont pour ainsi dire germé avec les plantes, et sont comme des efflorescences et des fruits nés de la végétation de l'esprit humain. Je sais que plusieurs travaux devenus nécessaires demandent de grands rassemblemens ; mais je sais en même temps que les plus nécessaires de ces travaux, ceux des forges, par exemple, et ceux des mines, ne peuvent être en activité qu'à la campagne ; et si différens ouvrages dépendans de ces premiers arts sont un peu plus finis, un peu plus recherchés dans les villes que dans les campagnes, accusons-en le long aveuglement des hommes, qui, entrevoyant la fortune dans les villes, et ne voyant que la nature dans les champs, ont, lorsqu'ils l'ont pu, quitté l'une pour l'autre ; semblables aux libertins qui laissent là une aimable et modeste épouse pour une courtisanne mieux parée ; en sorte que de tout temps et en tout temps tout ce qui montre à la campagne quelque talent, quelque génie particulier, se croit déplacé parmi ses compagnons rustiques, et va, comme je le disais tout à l'heure, chercher fortune à la ville. Faut-il s'étonner à présent si, d'après ces institutions et ces coutumes absurdes, les campagnes, incessamment dégarnies des hommes industrieux qui contribueraient le plus à leur éclat et à leur prospérité, le cèdent en fait d'industrie aux villes, qui profitent de leurs pertes. Mais l'homme a beau faire, la nature prend toujours le dessus, et se venge intérieurement de ceux qui l'ont méconnue. En général la vie des villes, même les plus agréables, est beaucoup moins heureuse, pour les gens mêmes à qui tout semble rire, que celle des campagnes; le plaisir fuit ceux qui le poursuivent; les fêtes, les repas, les jeux, les spectacles, imaginés comme autant de remèdes contre l'ennui, perdent bientôt leur vertu, et manquent leur effet; les égards, les usages, les procédés imposent un joug impossible à secouer; la gêne se mêle de toutes les parties; et cet ennui contre lequel on s'était ligué se trouve au milieu de vous sans que vous puissiez ni le fuir, ni le chasser ; heureux encore si on en restait là, et si toutes les passions attisées, électrisées par tant de contacts, ne s'emparaient pas de l'âme de ces pauvres diables, et ne les tyrannisaient pas jusqu'à leurs derniers momens !

L'orgueil, la cupidité, l'envie, la bassesse, la fourberie, tout cela travaille plus fort à mesure qu'il y a plus d'hommes ensemble ; en sorte que, si messieurs les citadins y pensaient bien, ils trouveraient qu'ils ont précisément choisi le moyen d'être malheureux, qu'ils ont laissé l'or pour le clinquant, et abandonné l'Élysée pour le Tartare. Ils verraient que ces bons campagnards qu'ils méprisent, et dont l'ignorance ou la gaucherie est le sujet de leurs fades plaisanteries, tiennent le bon bout ; que la nature est pour ces bonnes gens-là, et qu'elle leur donne au moins la liberté, la santé, la force et la paix; ils verraient que, si les mains des campagnards sont moins propres, au moins leur sang est pur ; ils reconnaîtraient que, si la ville offre quelquefois des plaisirs plus recherchés, on trouve à la campagne des mœurs plus irréprochables, et qu'à la longue les mœurs valent bien les plaisirs ; ils compareraient un plat bourgeois à un bon métayer ; ils compareraient leurs belles fanées à ces belles faneuses qui se reposent de leurs travaux par la danse et par le chant ; ils compareraient leurs enfans pâles et malingres, qu'ils ont tant de peine à élever, aux enfans des campagnards, à ces roses mouvantes qui acquièrent bientôt la force des chênes à l'ombre desquels elles fleurissent ; ils s'apercevraient que la gaîté même après laquelle ils soupirent n'existe réellement qu'à la campagne, et qu'ils n'en ont que l'image ; ils conviendraient enfin qu'à la campagne on s'amuse de tout, tandis qu'à la ville on ne se divertit qu'aux dépens d'autrui ; et que, si l'on y rit quelquefois, c'est de moquerie, tandis qu'à la campagne c'est de joie.

Qu'en penses-tu, ma fille, de cette sortie, ou, pour mieux dire, de ce bombardement général contre toutes les villes ? Tu crois peut-être que cela vient de ce que, pour me désennuyer, j'aurai lu quelques pages de Rousseau ; que c'est son éloquence qui échauffe ma bile, et que je fais comme les petits chiens qui ne manquent pas d'aboyer quand leur maître élève la voix. Point du tout, mon enfant, c'est parce qu'un petit chien (puisque petit chien y a) bien tondu, bien peigné, en me voyant passer dans la rue avec ma redingote boutonnée et mon chapeau enfoncé à la Jacques Rosbiff, s'est mis à japper de toutes ses forces, comme s'il avait vu passer un gros loup, et qu'il m'a poursuivi en faisant toujours le même carillon pendant deux ou trois rues. J'avais beau m'examiner, je ne trouvais pas ce qui lui déplaisait dans ma personne ; mais, ne pouvant point le ramener par la raison, et n'osant point lui porter un coup de pied qui aurait pu être trop sensible à sa maîtresse (car il avait l'air d'un chien de dame), je prenais le parti de la modération et du mépris affecté. Cependant ne voilà-t-il pas que le petit misérable, redoublant ses clapissemens, ameute contre moi tous les chiens de la rue, qui, dociles à ses instigations, se mettent à répéter tout ce qu'il me dit, et je me vois pour le coup chassé dans toutes les règles comme un autre Actéon, excepté que, par pur décence, je ne pressais point mon allure. Ce n'est pas tout, les polissons, accourant à la voix des chiens, viennent augmenter mon cortége et servir de piqueurs à la meute ; car plus ils voyaient les chiens animés, plus ils les animaient encore, suivant la nature et l'habitude de tous les polissons.

J'essayais en vain d'entrer en négociation avec ces messieurs tant à deux qu'à quatre pattes ; mais mon allemand, inintelligible pour eux comme le leur pour moi, ne faisait qu'augmenter la confusion. Cependant je gardais toujours mon sang-froid, et au lieu de cet Achille qui te faisait frémir à Solingen par ces grands coups qui renversaient des bataillons de petits écoliers, tu aurais vu la grave retraite d'Ajax, que le divin Homère compare si majestueusement à un âne assailli à coups de pierres par des petits vauriens, et qui n'en marche point un petit pas plus vite. Hélas! ce pauvre âne que tu honores de tes bontés allait bientôt subir le sort du *peccata* du combat du taureau, lorsque par hasard nous arrivons tous à une porte où il n'était pas permis à toute espèce de monde de passer. La sentinelle, apparemment un peu moins estomaquée de ma figure que toutes les personnes de ma suite, veut bien faire une exception en ma faveur;

et la canaille, tant au propre qu'au figuré, est obligée d'abandonner sa proie. Après cela, ai-je tort d'être indigné contre les villes, et de tourner toutes mes affections du côté de la campagne, où les enfans, et même les chiens, savent distinguer un honnête homme d'une bête fauve.

J'ai dîné chez le général Paulet avec la mort dans le cœur, de l'effort que ces dignes gens faisaient contre leurs chagrins pour me faire une réception plus agréable. Il paraît qu'il avait été admis dans la grande intimité de son feu roi pendant la guerre contre la Russie. Il en est résulté pour moi une conversation infiniment intéressante sur divers détails de cette expédition extraordinaire, où le royaume et le roi ont été à deux doigts de leur perte; où tous les pactes entre le monarque et la monarchie ont été violés; où le plus pauvre des états de l'Europe a fait une dépense digne de Louis XIV ; et où des peuples libres et peu nombreux ont sacrifié l'élite de leur jeunesse à une cause sinon injuste, au moins inconnue. Rien ne montre mieux l'empire de l'illusion sur les hommes que de voir des gens bien assurés que leur nom ne sortira pas de l'enceinte de leur paroisse croire aussi à la gloire, et lui sacrifier leur intérêt et leur vie. On m'a conté à ce sujet une assez singulière façon de rallier les troupes suédoises dans des momens de désordre et de découragement. On leur dit : Eh bien, soldats, si vous ne marchez point, nous allons l'écrire à vos femmes ; et alors la crainte d'être remplacés dans leur absence, ou mal reçus à leur retour, leur donne un courage de lions, et leur fait affronter tous les dangers auxquels il plaît à leur prudent monarque de les exposer. Quelques soldats d'un même village avaient, dans je ne sais quelle occasion, montré de la faiblesse, et revenaient ensuite tranquillement chez eux ; ils trouvèrent leurs maisons fermées, et des écrevisses à leurs portes.

Quant au feu roi de Suède, je ne sais si c'était ces motifs-là qui agissaient aussi puissamment sur lui ; mais il a poussé le courage jusqu'à la folie, et a conservé sa présence d'esprit et même sa gaîté dans les momens les plus désespérés.

Tous les ordres étaient écrits de sa main ; et j'en ai vu plusieurs qui, malgré la complication des choses et des circonstances, m'ont paru de la plus grande clarté ; mais en même temps la distraction et l'insouciance n'ont jamais été portées aussi loin. Il lui est, par exemple, arrivé de se trouver sur une petite île, lui quatrième, au milieu de mille prisonniers, dont la plupart avaient conservé leurs sabres. Jamais guerre considérée en elle-même n'a été aussi extraordinaire ; vaisseaux de guerre, frégates, galères, chaloupes canonnières, brûlots, infanterie, cavalerie, artillerie de campagne et de siége, tout cela marchait à la fois, et, pour ainsi dire, pêle-mêle, dans des mers hérissées d'îles et de rescifs, et dans des terres tailladées par des canaux, des fossés, des ravins et des bras de mer; tantôt les vaisseaux étaient arrêtés par les glaces; tantôt les glaces menaçaient d'effondrer sous les pieds des hommes. Mais la guerre a cela de commun avec la folie, à qui elle ressemble en tant d'autres points; c'est qu'elle découvre dans l'homme des forces inconnues au sang-froid et au calcul : est-on brave, elle fait trouver au cacochyme des nerfs de lion; est-on poltron, elle fait trouver au paralytique des jambes de cerf : c'est là aussi où l'on voit encore mieux qu'au jeu les plus grands coups du sort. Une flotte enfermée par trois flottes, obligée de défiler vaisseau à vaisseau, et de passer ainsi en revue devant toute une ligne ennemie, échappe à une perte certaine et totale, soit par son audace, soit par la faute de ceux à qui elle avait affaire ; non-seulement elle échappe, mais elle livre ensuite un superbe combat, et met l'ennemi en déroute. Le duc actuellement régnant veut compléter la victoire, et, profitant d'un moment favorable, il fait lâcher un brûlot qui doit porter l'incendie et la désolation dans l'escadre en retraite ; le brûlot part, le capitaine et l'équipage mettent le feu à la mèche, et se retirent, suivant la règle, dans un petit canot. A peine le brûlot est-il abandonné à lui-même, que le vent tourne et le renvoie avec impétuosité vers la flotte suédoise, au milieu de laquelle il saute et met le feu à sept vaisseaux de guerre, qui sautent misérablement et couvrent la mer de morts et de débris. Voilà comme ce qui devait manquer réussit, et comme ce qui devait réussir manque : et puis fiez-vous au calcul !

Mais il me semble, ma pauvre enfant, que voilà plus de guerre que ton humeur pacifique n'en demande ; et cependant, avant de quitter le champ de bataille, il faut que je te dise que mon ardeur militaire me retient ici un jour de plus que je n'avais compté, et cela, pour voir un exercice d'artillerie, préparé et différé depuis plus de dix jours, à cause du mauvais temps, et qui, par l'ennui et l'impatience des officiers, doit, quelque temps qu'il fasse, avoir lieu demain à cinq cents pas de la ville. J'avais effectivement remarqué à mon passage une tour et quelques fortifications en avant, qui m'avaient d'abord frappé par leur grand air de nouveauté et leur plus grand air d'inutilité ; mais bientôt après, des batteries de divers calibres dirigées en face de la tour, à sept ou huit cents pas de distance, et dix ou douze tentes de canonniers avec quelques hangars de travailleurs et quelques forges de campagne, m'ont appris en les voyant que la tour n'était qu'un point de mire, et qu'il était sans doute question d'un simulacre d'attaque. Effectivement, la pauvre tour, qui n'est que de bois, et qui est encore dans tout l'éclat de la jeunesse et de la peinture, n'a pas deux jours à vivre, puisque dès aujourd'hui elle doit être battue à boulets rouges, et les fortifications environnantes doivent sauter par l'effet d'une mine que le major d'Arnfeld, fils du gouverneur-général de la Poméranie suédoise, a fait charger il y a deux jours; mais comme le ciel a dû y mettre au moins autant d'eau que le major de poudre, on croit que la petite citadelle pourrait bien échapper au danger qui la menace, comme les personnes menacées d'une grande inflammation, à force de lavage, évitent une mort presque assurée. Nous croyons être bien habiles, nous autres pauvres hommes; et ne sommes-nous pas entourés de menaces ignorées, comme cette pauvre tour qui ne voit pas les boulets qu'on amasse, les fours qu'on prépare, les canons qu'on braque en face d'elle? et ne sommes-nous pas comme ce malheureux petit ravelin qui n'entend point le mineur qui travaille sous ses fondemens? et ne sommes-nous pas de petits édifices ambulans, les uns mieux, les autres plus mal bâtis, sur lesquels quelqu'un (et je crois que c'est le diable) s'amuse à tirer, tout coup vaille, sans que nous puissions prévoir le coup avant la blessure? et n'avons-nous pas le plus habile et le plus malin de tous les mineurs (la mort) attaché à notre pauvre architecture dès les premiers instans de notre construction? Il a bien raison, le bon vieux père Hésiode, quand il nous dit que les maux et les infirmités sont des ennemis ailés qui voltigent invisiblement autour de l'homme sans défiance.

Je te rendrai compte de l'exercice

quand je l'aurai vu ; en attendant, il faut que je te parle d'une connaissance que j'ai renouvelée ici avec quelqu'un qui était venu passer trois semaines chez moi : devine où ? à Gorée. C'était un des compagnons du bon M. Sparrman, nommé M. Arrénius, actuellement officier d'artillerie très-distingué, qui s'est fait connaître dans la guerre de Finlande, où, avec une politesse encore plus modeste et plus douce, s'il est possible, que celle du comte de Wreigh, il n'a pas laissé de chauffer les Russes d'importance, et qui dans ce moment est envoyé par le duc-régent pour lui rendre compte des travaux de Stralsund.

Notre connaissance et notre reconnaissance n'a pas peu contribué à me faire connaître assez avantageusement dans ce pays-ci, et je vois que depuis ce moment-là les officiers m'accordent un supplément de considération. Admires-tu comme le hasard, et même le vent, qui est la respiration du hasard, se charge de toutes les affaires des hommes? car, sans aucun doute, c'est le vent qui est cause que je viens recueillir à Stralsund le fruit de ce que j'ai pu semer en Afrique : c'est pourquoi, dans toutes les positions, dans toutes les circonstances, il n'y a qu'une chose à faire, c'est le bien, et puis se tenir tranquille sans rien espérer, ni désespérer de rien.

A propos, chère enfant, je ne t'ai point encore parlé de ma santé; il est vrai que cela ne nous menerait pas à grand'-chose, d'autant plus qu'elle arrivera, j'espère, à Rheinsberg, et, selon toute apparence, plus tôt que ma lettre, et qu'elle se chargera elle-même de te donner de ses nouvelles.

Tu sauras cependant que la dernière promenade m'a sauvé d'une grande maladie; car ce frisson perpétuel, joint à un mal de tête qui à chaque instant exprimait de mes yeux des larmes involontaires, tenait, si je ne me trompe, à une fièvre interne qui s'est dissipée dans la marche au lieu de couver et de se développer dans le repos. J'en ai une espèce de preuve dans les petites variations que ma pauvre vieille carcasse a subies depuis quelques jours, et dont me voilà quitte. Un chirurgien aurait dit que j'avais besoin d'être saigné; un apothicaire, que j'avais besoin d'être purgé; un médecin, que j'avais besoin de régime, de repos, de soins, et surtout de ses fréquentes visites : et moi, je dis et je prouve que j'avais besoin de plus d'air, de plus de mouvement et de moins de nourriture qu'à l'ordinaire; et réponds sur ma tête et sur celle de mon cheval que je reviendrai mieux portant que je ne suis parti, surtout si je te trouve aussi bonne et brave femme que je t'ai laissée.

Adieu, ma chère enfant, je vais rendre au général son journal, auquel il a joint les lettres originales de son roi, où il n'y a à reprendre que l'écriture ; c'est vraiment une lecture très-intéressante : mais malheureusement elles ne comprennent que les événemens et les détails relatifs à celui dont le nom est sur l'adresse : je ne le remettrai pas sans en extraire un trait que j'ai fort approuvé, et qui montre le prix que les hommes peuvent ajouter aux choses. Lorque le roi nomma le général commandeur de l'ordre de l'Épée, il ordonna que la croix de chevalier qu'il quittait pour celle de commandeur fût gardée avec une étiquette pour celui de ses fils qui par la suite la mériterait.

Voilà que je sors de ce fameux exercice ; tout a été le mieux du monde, et il n'y a eu que la panvre tour qui s'en soit mal trouvée : c'est une occasion d'instruction pour un militaire et pour un philosophe, que j'aurais été bien fâché de manquer. Je n'avais jamais vu tirer à boulets rouges ; je n'avais jamais vu sauter de mine ; je n'avais jamais vu jeter de pots à feu ; je n'avais jamais vu envoyer des bombes à ricochets : j'ai vu tout cela comme j'espère te voir, et c'est un beau et en même temps un hideux spectacle que celui des efforts vraiment diaboliques des hommes pour se rendre les uns les autres encore plus méchans, encore plus malheureux, encore plus périssables qu'ils ne sont : ils ont tant de génie, que je crois que, si le ciel avait oublié de mettre un terme à leur existence, ils auraient eux-mêmes inventé la mort. Ne dirait-on pas au moins qu'ils en sont amoureux, puisqu'il n'y a sorte d'avance qu'ils ne lui fassent, et sorte de facilité qu'ils ne cherchent à lui procurer ? La preuve en est qu'ils ont imaginé la guerre, la navigation, la médecine et la bonne chère.

A propos de bonne chère, je ne t'ai point encore parlé de mon ami le gouverneur d'Arnfeld, chez lequel j'ai dîné hier et aujourd'hui, et pour lequel tu me ferais sûrement infidélité, si tu avais le bonheur de le rencontrer. Il a véritablement l'air, dans ces climats septentrionaux, d'un arbre exotique que les frimas auraient respecté pendant soixante-seize hivers; tout, jusqu'à son langage même, annonce un homme du midi; et il serait beaucoup plus aisé à quelqu'un qui le verrait ailleurs et qui ne saurait pas son nom, de le prendre pour un Provençal, ou même pour un Napolitain, que pour un Suédois; car c'est au point que j'ai été frappé de quelque analogie entre son accent et celui de notre chère ambassadrice de Naples. Il a une mémoire où tout le passé est resté gravé, et, ce qui est plus singulier, où le présent se grave encore. Cette mémoire de vieillard est renforcée par une imagination de jeune homme qui le met sur-le-champ au courant de toutes les nouveautés folles et raisonnables, et qui ne le rend étranger qu'à son âge. Son abord est aussi agréable et ses manières aussi gracieuses dans leur franchise antique et leur singularité toujours nouvelle que s'il n'avait étudié autre chose, pendant sa longue vie, que l'art de plaire; ses rides paraissent moins l'empreinte de son âge que de son esprit; car on dirait qu'il en change à chaque phrase, et qu'il tient à sa disposition une vingtaine de jeux de physionomie aussi mobiles, aussi prompts que la pensée, et toujours prêts à s'adapter à tout ce qu'il dit ou qu'il entend. Ce n'est point assez des muscles et des plis de son visage; ses attitudes, ses gestes, les contractions de toutes les phalanges de ses doigts, et les inflexions variées de son organe, viennent encore à l'appui. Chaque chose qu'il va dire est précédée d'une grimace indicative et d'un cri préparatoire, qui servent comme d'introduction au reste de sa musique ; enfin, je ne crois pas que jamais M. de Caraccioli, ni l'abbé Galliani, aient poussé plus loin la pantomime que cet homme, sur le berceau duquel l'étoile du nord a dardé des rayons presque perpendiculaires.

Il aime la France comme un dévot aime le paradis ; il y a fait ses premières armes, et, je crois, ses études ; toutes ses pensées y sont continuellement tournées. Il déteste tout ce qui s'y fait, mais il le regarde comme le résultat nécessaire de tout ce qui s'y est fait ; il dit, et qui plus est, il prouve que la maladie a commencé à la mort de Henri IV. Il a été, dans sa jeunesse, fort attaché au maréchal de Saxe, qui l'a initié dans la science de la guerre, et qui lui en a du moins assez appris pour lui faire préférer notre prince à tous les généraux. Personne d'ailleurs n'est plus en état de les apprécier, soit d'après les lectures très-réfléchies auxquelles il a toujours donné beaucoup d'heures par jour, soit d'après des observations pour lesquelles sa longue carrière militaire, dans différens services, a fourni beaucoup de matières. Du reste, il paraît jouir de la vieillesse la plus heureuse; aussi attaché que cher au petit cercle qui l'entoure; très-occupé de sa femme, qui, beaucoup plus jeune que lui, lui prodigue les soins de la piété filiale; content et même fier d'un fils aussi rassis dans sa jeunesse que le père est jeune dans sa vieillesse; vivant avec simplicité, mais en même temps avec élégance et noblesse; facile pour ses subordonnés; amical avec ses égaux; hospitalier envers les étrangers; agréable à tout ce qui l'approche; honoré de tout ce qui le connaît : je ne saurais dire assez de bien de ce bon et galant homme, et j'éprouve un secret plaisir à lui rendre ici toutes ses honnêtetés sans qu'il s'en aperçoive. Quelques pédans voudraient peut-être lui faire un défaut de son extrême vivacité ; mais quand la vivacité est jointe à la bonté, c'est un feu qui chauffe sans brûler. En général, j'ai remarqué qu'on se donnait les airs d'imposer des lois à la vieillesse, qui devrait au contraire en donner à tout le genre humain, car c'est une autorité constituée par la nature ; mais comme elle est sans défense par elle-même, elle s'est laissé détrôner, et cette première révolution a par la suite entraîné toutes les autres. On a inventé, avec autant de soin que de bêtise, une sorte d'étiquette pour les vieillards, qui abrége encore le peu de jours qui leur restent, en les faisant vivre dans les ennuis et les contradictions ; on les séquestre du monde avant qu'ils n'en sortent, et l'on ne leur pèrmet pas de vivre jusqu'à la fin de leur vie. Ce qui me paraît le plus absurde dans toutes ces absurdités-là, c'est l'obligation qu'on impose aux pauvres vieillards d'être ce qu'on appelle graves ; comme si la gravité n'était pas une imitation de la vieillesse, et comme si ce n'était pas assez d'avoir l'original sans y ajouter encore la copie. Pour moi, qui commence à être vieux, j'attends pour être grave que je sois mort.

Me voici sur le retour, non-seulement de mon âge, mais de mon voyage, et je viens de retrouver mon dernier gîte dans la froide Lutze. La température, sans être encore à beaucoup près à un degré convenable, est cependant fort adoucie; la preuve en est que je couche dans une chambre sans feu; il est vrai qu'elle est toute tapissée de jupons, et de déshabillés, et de polonaises, et de caracos, et de mille pretentailles à l'usage des belles dames; et qu'au milieu de tout cela je vois un petit berceau qui attend l'enfant de la maison: mais du reste, tout m'a paru changé, et c'est encore la triste dignité qui en est la cause. Ne voilà-t-il pas que mon cher apothicaire, au lieu de cet air amical et même anodin avec lequel il m'avait reçu la dernière fois comme un homme, sinon de sa profession, au moins de sa sorte, s'est mis à me faire des révérences jusqu'à terre et des complimens à perte d'haleine. Tout a pris une autre face (ces gens-là sont accoutumés à ces reviremens-là); la confiance, fille de l'égalité, et l'égalité, fille de l'incognito, ont disparu : mon apothicaire me poursuit avec le titre de marquis comme avec un lavement, et en se promenant avec moi dans les raboteuses rues de sa bicoque, dès qu'il rencontre quelqu'un, n'importe qui, il ne manque pas de s'arrêter tout court, et de me dire en présence du témoin : M. le marquis, vous devez être fatigué de la route; ou bien, M. le marquis, cette ville n'approche point de Paris; ou bien, M. le marquis, c'est étonnant de voir un marquis voyager à cheval au lieu d'aller dans une belle voiture à ressorts ; ou bien encore, Ah! si j'avais le bonheur et l'honneur d'être un marquis comme vous (je réponds en moi-même, tu serais bien avancé); mais, ajoute-t-il, je ne suis point marquis, je suis apothicaire, et encore mon apothicairerie est-elle de fraîche date (comme beaucoup de marquisats, dis-je encore à part moi); mais il n'y a qu'heur et malheur dans ce monde, M. le marquis. Eh bien, lui dis-je impatienté, si vous étiez marquis, qu'est-ce que vous feriez? — Ha dame! dit-il, je passerais fièrement devant presque tout le monde, au lieu qu'étant apothicaire, il me faut... — Eh bien, qu'est-ce qu'il vous faut! — Me tenir très-humblement derrière.

Fatigué de cet éternel marquisat qui ne me rapportait pas un sou, et qui au contraire devait probablement me coûter quelques gros de plus que du temps de l'heureuse égalité, je rentre dans ma chambre, et je m'en prends à M. Karles, à qui je reproche de mon mieux d'avoir manqué au silence que je lui avais recommandé, et d'avoir dit mon titre dans cette maison.... Et quel titre? m'a-t-il dit. Je réponds en rougissant et en balbutiant : Celui de marquis. Cet homme n'a cessé de me le répéter à chaque mot qu'il me disait. Ma foi, monsieur, répond le pauvre diable, ce n'est pas ma faute, car je n'en ai pas dit un mot. Comment aurais-je pu dire celui-là? est-ce que je sais seulement ce que c'est qu'un marquis? Je me suis couché là-dessus; j'ai même assez bien dormi, et à sept heures j'ai remonté Bucéphale tripède, qui m'a fait faire quatre mille en quatre heures, et m'a porté jusqu'à Treptaw, où j'ai retrouvé ce bon et digne aubergiste, que j'avais d'abord si mal connu, et qui donne à dîner avec de si jolies demoiselles, à si bon marché (*nota benè*, que l'expression *à bon marché* tombe sur le dîner, et non sur les demoiselles). En ce moment, on met le couvert, et l'on me dit que la compagnie doit être augmentée, et sans doute égayée par la gracieuse présence d'un excellent comédien de Brandebourg-Strelitz, qui me paraît un fort drôle de corps.... Je viens de dîner avec lui, et au lieu d'un Molière ou d'un Le Kain, il se trouve que c'est un Marcel, c'est-à-dire le maître à danser de Strelitz. J'avais d'abord envie de le prier de me donner une leçon, mais je veux encore attendre une trentaine d'années. . . . . . .

VOYAGE

EN SILÉSIE,

PAR BERNARDIN DE SAINT-PIERRE.

VOYAGE EN SILÉSIE.

Lorsque je revenais de Russie en France, je me trouvai avec un bon nombre de voyageurs de différentes nations, sur le chariot de poste qui mène de Riga à Breslau. Nous étions rangés deux à deux, assis sur des bancs de bois, nos malles sous nos pieds, le ciel sur nos têtes, voyageant jour et nuit, exposés à toutes les injures de l'air, et ne trouvant dans les auberges de la route que du pain noir, de l'eau-de-vie de grain, et du café. Telle est la manière de voyager en Russie, en Prusse, en Pologne, et dans la la plupart des pays du nord. Après avoir traversé, tantôt de grandes forêts de sapins et de bouleaux, tantôt des campagnes sablonneuses, nous entrâmes dans des montagnes couvertes de hêtres et de chaînes, qui séparent la Pologne de la Silésie.

Quoique mes compagnons de voyage sussent le français, langue aujourd'hui universelle en Europe, ils parlaient fort peu. Un matin, au lever de l'aurore, nous nous trouvâmes sur une colline auprès d'un château situé dans une position charmante. Plusieurs ruisseaux circulaient à travers ses longues avenues de tilleuls, et formaient au bas des îles plantées de vergers au milieu des prairies. Au loin, autant que la vue pouvait s'étendre, nous apercevions les riches campagnes de la Silésie couvertes de moissons, de villages, et de maisons de plaisance arrosées par l'Oder, qui les traversait comme un ruban d'argent et d'azur. « Oh, la belle vue! s'écria un « peintre italien qui allait à Dresde; il « me semble voir le Milanais. » Un astronome de l'académie de Berlin se mit à dire : « Voilà de grandes plaines, on « pourrait y tracer une longue base, et « par ces clochers avoir une belle suite « de triangles. » Un baron autrichien, souriant dédaigneusement, répondit au géomètre : « Sachez que cette terre est « des plus nobles d'Allemagne ; tous ces « clochers que vous voyez là-bas en dé- « pendent. — Cela étant, répartit un « marchand suisse, les habitans y sont « donc serfs? Par ma foi, c'est un pau- « vre pays. » Un officier hussard prussien, qui fumait sa pipe, la retira gravement de sa bouche, et se mit à dire d'un ton ferme : « Personne ici ne relève que « du roi de Prusse. Il a délivré les Silé- « siens du joug de l'Autriche et de ses « nobles. Je me souviens qu'il nous a fait « camper ici il y a quatre ans. Oh! les « belles campagnes pour donner une ba- « taille! J'établirais mes magasins dans « le château, et mon artillerie sur ses « terrasses. Je borderais la rivière avec

« mon infanterie; je mettrais ma cavalerie « sur les ailes, et avec trente mille hom- « mes j'attendrais ici toutes les forces de « l'Empire. Vive Frédéric! » A peine s'était-il remis à fumer, qu'un officier russe prit la parole : « Je ne voudrais « pas, dit-il, vivre dans un pays comme « la Silésie, ouvert à toutes les armées. « Nos Cosaques l'ont ravagée dans la « dernière guerre, et, sans nos troupes « réglées qui les continrent, ils n'y au- « raient pas laissé une chaumière debout. « C'est encore pis à présent. Les paysans « peuvent y plaider contre leurs sei- « gneurs; les bourgeois y ont même de « plus grands priviléges dans leurs mu- « nicipalités. J'aime mieux les environs « de Moscou. » Un jeune étudiant de Leip- sick répondit aux deux officiers : Mes- « sieurs, comment pouvez-vous parler « de guerre dans des lieux si charmans? « Permettez-moi de vous apprendre que « le nom même de *Silésie* vient de *Campi-*

« *Elizei*, Champs-Eliziens. Il vaut mieux « s'écrier avec Virgile :

O Lycoris! hic tecum consumerer ævo.

« O Lycoris! c'est ici qu'avec toi je vou« drais être dissous par le temps. » A ces mots, prononcés avec chaleur, une aimable marchande de modes de Paris, que l'ennui du voyage avait endormie, se réveilla, et à la vue de ce beau paysage, s'écria à son tour : « O le délicieux « pays! il n'y manque que des Français. « Qu'avez-vous à soupirer? dit-elle à un « jeune rabbin qui était à ses côtés. — « Voyez, dit le docteur juif, cette montagne « là-bas avec sa pointe, elle ressemble « au mont Sinaï. » Tout le monde se mit à rire. Mais un vieux ministre luthérien d'Erfurt en Saxe, fronça le sourcil, et dit en colère : « La Silésie est une terre « maudite, puisque la vérité en est ban« nie. Elle est sous le joug du papisme.

« Vous verrez à l'entrée de Breslau le « palais des anciens ducs de Silésie, « qui sert aujourd'hui de collége aux jé-« suites, quoique chassés de toute l'Eu-« rope. » Un gros marchand hollandais, pourvoyeur de l'armée prussienne dans la dernière guerre, lui répartit : « Com-« ment pouvez-vous appeler *maudite* « une terre couverte de tant de biens ? « Le roi de Prusse a fort bien fait de « conquérir la Silésie, c'est le plus beau « fleuron de sa couronne. J'y aimerais « mieux un arpent de jardin qu'un mille « carré dans la marche sablonneuse de « Brandebourg. » Nous arrivâmes ainsi disputant à Breslau, où nous mîmes pied à terre dans une fort belle auberge. En attendant le dîner, on parla du maître du château. Le ministre saxon assura que « c'était un scélérat qui com-« mandait l'artillerie prussienne au siége « de Dresde ; qu'il avait écrasé avec des « bombes empoisonnées cette malheu-

« reuse ville, dont la moitié des maisons « était encore abattue, et qu'il n'avait ac- « quis sa terre que par des contributions « levées en Saxe. — Vous vous trompez, « répondit le baron, il ne l'a eue que « par son mariage avec une comtesse « autrichienne, qui s'est mésalliée en « l'épousant. Sa femme est aujourd'hui « bien à plaindre. Aucun de ses enfans « ne pourra entrer dans les chapitres « nobles de l'Allemagne, car leur père « n'est qu'un officier de fortune. — Ce que « vous dites là, reprit le hussard prus- « sien, lui fait honneur, et il en serait « comblé aujourd'hui en Prusse, s'il ne « l'avait perdu en sortant à la paix du « service du roi. C'est un officier qui ne « peut plus se montrer. » L'hôte, qui fai- sait mettre le couvert, dit : « Messieurs, « on voit bien que vous ne connaissez pas « le seigneur dont vous parlez : c'est un « homme aimé et considéré de tout le « monde ; il n'y a pas un mendiant dans

« ses domaines. Quoique catholique, il « secourt les pauvres passans, de quel« que pays et religion qu'ils soient. S'ils « sont Saxons, il les loge et les nourrit « pendant trois jours, en compensation « du mal qu'il a été obligé de leur faire « pendant la guerre. Il est adoré de sa « femme et de ses enfans. — Apprenez (répondit à l'hôte le ministre luthérien) « qu'il n'y a ni charité ni vertu dans « sa communion. Tout son fait est pure « hypocrisie, comme les vertus des « païens et des papistes. »

Nous avions parmi nous plusieurs catholiques qui allaient élever une terrible dispute, lorsque l'hôte, s'étant mis à la principale place de la table, suivant l'usage de l'Allemagne, fit servir le dîner. Alors on garda un profond silence, et chacun se mit à boire et à manger en voyageur. On fit fort bonne chère. On servit au dessert des pêches, des raisins et des melons. L'hôte dit alors à sa femme d'apporter, en attendant le café, quelques bouteilles de vin de Champagne, dont il voulait régaler la compagnie en l'honneur, dit-il, du seigneur du château, auquel il avait des obligations particulières. Les bouteilles étant arrivées, il les posa auprès de la dame française, en la priant d'en faire les honneurs. La joie parut alors sur tous les visages, et la conversation se ranima. Ma compatriote présenta à l'hôte le premier verre de son vin, en lui disant qu'on était aussi bien traité chez lui que dans les meilleures auberges de Paris, et qu'elle n'avait point connu de Français qui le surpassât en galanterie. L'officier russe convint qu'il y avait plus de fruits à Breslau qu'à Moscou; il compara la Silésie à la Livonie pour la fertilité, et il ajouta que la liberté des paysans rendait un pays mieux cultivé et leur seigneur plus heureux. L'astronome observa que Moscou était à peu près à la même latitude que Breslau, et par conséquent susceptible des mêmes productions. L'officier hussard dit : « En vérité, je trouve que le seigneur du château, sur les terres duquel nous avons passé, a fort bien fait de quitter le service. Après tout, notre grand Frédéric, après avoir fait glorieusement la guerre, passe une partie de son temps à jardiner et à cultiver lui-même des melons à Sans-Souci. » Tout le monde fut de l'avis du hussard. Le ministre saxon même se mit à dire que la Silésie était une belle et bonne province, que c'était dommage qu'elle fût dans l'erreur, mais qu'il ne doutait pas que, la liberté de conscience étant établie dans tous les états du roi de Prusse, tous les habitans, et surtout le maître du château, ne se rendissent à la vérité, et n'embrassassent la confession d'Augsbourg : « car, ajouta-t-il, « Dieu ne laisse pas une bonne action

« sans récompense, et c'en est une qu'on « ne peut trop louer dans un mili- « taire qui a fait du mal aux gens de « mon pays pendant la guerre, de leur « faire du bien pendant la paix. » L'hôte alors proposa de boire à la santé de ce brave seigneur, ce qui fut exécuté aux applaudissemens de toute la compagnie.

Il n'y eut pas jusqu'au jeune rabbin qui ne voulut aussi trinquer avec elle. Il dînait seul et tristement, de ses provisions, dans un coin de la salle, suivant la coutume des juifs en voyage; il se leva, et vint présenter sa grande tasse de cuir à la dame, qui la lui remplit jusqu'aux bords. Il la vida d'un seul trait: alors elle lui dit : Que vous en semble, docteur? La terre qui produit de si bon vin ne vaut-elle pas bien la terre promise? Sans doute, madame, répondit-il d'un air riant, surtout quand ce bon vin est versé par d'aussi jolies mains. Souhaitez-donc, lui dit-elle, que votre messie naisse en France, afin qu'il y rassemble vos tribus de toutes les parties du monde. Plût à Dieu! répartit l'Israélite; mais auparavant il faudrait qu'il fît la conquête de l'Europe, où nous sommes presque partout si misérables. Il faudrait que ce fût un nouveau Cyrus, qui en forçât les différens peuples de vivre en paix entre eux et avec le genre humain. Dieu vous entende! s'écrièrent la plupart des convives.

J'admirais la variété d'opinions de tant de personnes qui disputaient avant de se mettre à table, et qui étaient d'un si parfait accord lorsqu'elles en sortaient. J'en conclus que l'homme était méchant dans le malheur, car c'en est un pour bien des gens d'être à jeun; et qu'il était bon dans le bonheur, car, quand il a bien dîné, il est en paix avec tout le monde, comme le sauvage de Jean-Jacques.

J'en tirai une autre conséquence plus importante; c'est que toutes ces opinions, qui avaient pour la plupart ébranlé la mienne tour à tour, venaient uniquement des éducations différentes de mes compagnons de voyage, et je ne doutai pas que chacun d'eux ne retournât à la sienne quand il serait de sang-froid.

Désirant fixer mon jugement sur les sujets de la conversation, je m'adressai à un voisin qui avait gardé constamment le silence, et m'avait paru d'une humeur toujours égale : « Que pensez-vous, « lui dis-je, de la Silésie et du seigneur « du château? — La Silésie, me répondit-il, est un fort bon pays, puisqu'elle « produit des fruits en abondance ; et « le seigneur du château est un excellent « homme, puisqu'il fait du bien à tous « les malheureux. Quant à la manière « d'en juger, elle diffère dans chaque in- « dividu, suivant sa religion, sa nation, « son état, son tempérament, son sexe, « son âge, la saison de l'année, l'heure « même du jour, et surtout d'après l'é-

« ducation, qui donne la première et la « dernière teinture à nos jugemens : mais « quand on rapporte tout au bonheur « du genre humain, on est sûr de juger « comme Dieu agit. C'est sur la raison « générale de l'univers que nous devons « régler nos raisons particulières, comme « nous réglons nos montres sur le so- « leil. »

Depuis cette conversation, j'ai tâché de juger de tout comme ce philosophe; j'ai trouvé même qu'il en était de notre globe et de ses habitans comme de la Silésie : chacun s'en fait une idée d'après son éducation. Les astronomes n'y voient qu'un globe fait en fromage d'Hollande, qui tourne autour du soleil, avec quelques newtoniens ; les militaires, des champs de bataille et des grades ; les nobles, des terres seigneuriales et des vassaux ; les prêtres, des communians et des excommuniés ; les marchands, des branches de commerce et de l'argent;

les peintres, des paysages; les épicuriens, des paradis terrestres. Mais le philosophe le considère par ses relations avec les besoins des hommes, et les hommes eux-mêmes par celles qu'ils ont entre eux.

VOYAGE DE PARNY

A L'ILE DE BOURBON.

VOYAGE DE PARNY.

LETTRE A MON FRÈRE.

A Rio-Janéiro, le 4 septembre 1773.

Tu seras sans doute étonné de recevoir une lettre de moi datée de Rio-Janéiro. Depuis notre départ de l'Orient, les vents nous ont été absolument contraires ; ils nous ont poussés d'abord sur la côte d'Afrique, que nous devions éviter. Le 3 juillet, nous nous croyions encore à soixante-quinze lieues de cette côte. La nuit, par un bonheur des plus marqués, fut très-belle ; aucun nuage ne nous dérobait la clarté de la lune, et nous en avions grand besoin. A deux heures et demie du matin, un soldat qui fumait sur le pont découvre la terre à une petite demi-lieue devant nous. Il ventait beaucoup, et le navire, contre son ordinaire, s'avisait de faire deux lieues par heure. Cette terre est la côte de *Maniguette*, située sous le cinquième degré de latitude septentrionale ; c'est un pays plat, et qui ne peut être aperçu qu'à une très-petite distance : on distinguait sans peine des cabanes, des hameaux et des rivières. Vous pensez que le premier soin fut de virer de bord ; un moment après on jeta la sonde, et l'on ne trouva que sept brasses de fond.

Si le vaisseau avait encore parcouru quatre fois sa longueur, c'en était fait de nous, et j'aurais servi de déjeuner à quelque requin affamé. *Di meliora !*

Nous avons ensuite traversé avec une rapidité singulière le canal de neuf cents lieues qui sépare les côtes d'Afrique de celles du Brésil, et nous sommes venus à pleines voiles mouiller sur le banc des

Abrolhos. Nous avions tout auprès de nous des rochers fameux par plus d'un naufrage, sur lesquels les courans nous entraînaient. Cette position était critique, et nous commencions à perdre l'espérance, lorsque des pêcheurs portugais, qui se trouvaient par hasard dans ces parages, nous indiquèrent la véritable route.

Nous manquions d'eau, et une grande partie de l'équipage était attaquée du scorbut : il fut décidé que nous relâcherions à Rio-Janéiro. Nous découvrîmes le soir même la petite île du *Repos*, qui n'est qu'à quatre lieues de la terre-ferme. L'île du Repos! que ce nom flatte agréablement l'oreille et le cœur! bonheur, aimable tranquillité, s'il est vrai que vous fussiez renfermés dans ce point de notre globe, il serait le terme de ma course ; j'irais y ensevelir pour jamais mon existence ; inconnu à l'univers que j'aurais oublié, j'y coulerais des jours aussi sereins que le ciel qui les verrait naître ; je vivrais sans désirs, et je mourrais sans regrets.

C'est ainsi que je m'abandonnais aux charmes de la rêverie, et mon âme se plaisait dans ces idées mélancoliques, lorsque, reprenant tout à coup leur cours naturel, mes pensées se tournèrent vers Paris. Adieu tous mes projets de retraite; l'île du Repos ne me parut plus que l'île de l'ennui ; mon cœur m'avertit que le bonheur n'est pas dans la solitude, et l'espérance vint me dire à l'oreille : tu les reverras ces épicuriens aimables qui portent en écharpe le ruban gris de lin, et la grappe de raisin couronnée de myrte ; tu la reverras cette maison, non pas de plaisance, mais de plaisir, où l'œil des profanes ne pénètre jamais ; tu la reverras

Cette *caserne*, heureux séjour,
Où l'amitié, par prévoyance,
Ne reçoit le fripon d'Amour
Que sous serment d'obéissance ;

Où la paisible égalité,
Passant son niveau favorable
Sur les droits de la vanité,
Ne permet de rivalité
Que dans les combats de la table;
Où l'on ne connaît d'ennemis
Que la raison, toujours cruelle;
Où jeux et ris font sentinelle
Pour mettre en fuite les ennuis;
Où l'on porte, au lieu de cocarde,
Un feston de myrte naissant,
Un thyrse au lieu de hallebarde,
Un verre au lieu de fourniment;
Où l'on ne fait jamais la guerre
Que par d'agréables bons mots
Lancés et rendus à propos;
Où le vaincu, dans sa colère,
Du nectar fait couler les flots,
Et vide insolemment son verre
A la barbe de ses rivaux.
Cette ordonnance salutaire
Est écrite en lettres de fleurs
Sur la porte du sanctuaire,
Et mieux encor dans tous les cœurs.

« De par nous, l'Amitié fidèle,
Et plus bas, Bacchus et l'Amour,
Ordonnons qu'ici chaque jour

Amène une fête nouvelle;
Que l'on n'y pense rarement,
De peur de la mélancolie;
Qu'on préfère sagement
A la sagesse la folie,
A la raison le sentiment;
Et qu'on n'y donne à la paresse,
A l'art peu connu de jouir,
Tous les momens de la jeunesse:
Car tel est notre bon plaisir. »

Le lendemain le vent augmenta; le ciel était sombre; tout annonçait un gros temps. Pendant la nuit le tonnerre se fit entendre de trois côtés différens, et les lames couvraient quelquefois le vaisseau dans toute sa longueur. Réveillé par le bruit de la tempête, je monte sur le pont. Nous n'avions pas une seule voile, et cependant le navire faisait trois lieues par heure. Peignez-vous à la fois le sifflement du vent et de la pluie, les éclats du tonnerre, le mugissement des flots qui venaient se briser avec impétuosité contre le vaisseau, et un bourdonnement sourd et continuel dans les cordages ; ajoutez à tout cela l'obscurité la plus profonde, et un brouillard presque solide que l'ouragan chassait avec violence, vous aurez une légère idée de ce que j'observais alors tout à mon aise. Je vous avoue que dans ce moment je me suis dit tout bas, *illi robur et æs triplex*. Vers les trois heures la tempête fut dans toute sa force ; de longs éclairs tombaient sur le gaillard, et y laissaient une odeur insupportable ; la mer paraissait de feu ; un silence effrayant régnait sur le pont ; on n'entendait que la voix de l'officier de quart qui criait par intervalles, *stribord, bâbord*. Ce train dura une demi-heure, et il fut tout à coup terminé par un grand calme.

Nous gagnâmes enfin la rade de Rio-Janéiro, et nous envoyâmes demander au vice-roi la permission d'y entrer : cette précaution est nécessaire à tous les vaisseaux étrangers qui veulent y relâcher. Ces gens-ci se ressouviennent de Duguai-Trouin.

L'entrée de cette rade offre le spectacle le plus imposant et le plus agréable ; des forts, des retranchemens, des batteries, des montagnes et des collines couvertes de bananiers et d'orangers, et de jolies maisons de campagne dispersées sur ces collines.

Nous eûmes dans la matinée une audience publique du vice-roi. Le palais est vaste ; mais l'extérieur et ce que j'ai vu de l'intérieur ne répondent pas à la richesse de la colonie. On nous reçut d'abord avec cérémonie dans une grande avant-salle ; puis un rideau se leva, et nous laissa voir le vice-roi environné de toute sa cour. Il nous reçut poliment, accorda au capitaine la relâche, et aux passagers la permission de se promener dans la ville. Après l'audience, nous fîmes des visites militaires, et nous revînmes dîner à bord. Il nous est défendu de manger à terre, et encore plus d'y coucher.

La ville est grande ; les maisons sont basses et mal bâties, les rues bien alignées, mais fort étroites.

Après-midi nous descendîmes à terre ; trois officiers vinrent nous recevoir sur le rivage : c'est l'usage ; ici les étrangers sont toujours accompagnés. Nous allâmes à une foire qui se tient à une demi-lieue de la ville. Chemin faisant, j'eus le plaisir de voir plusieurs Portugaises qui soulevaient leurs jalousies pour nous examiner. Il y en avait très-peu de jolies ; mais une navigation de trois mois, et la difficulté de les voir, les rendaient charmantes à mes yeux.

On ne trouvait à cette foire que des pierreries mal taillées, mal montées, et d'un prix excessif. Pendant que nous portions de tous côtés nos regards, un esclave vint prier nos conducteurs de nous faire entrer dans un jardin voisin.

Nous y trouvâmes quatre tentes bien dressées. La première renfermait une chapelle, dont tous les meubles étaient d'or et d'argent massif, et travaillés avec un goût exquis. La seconde contenait quatre lits : les rideaux étaient d'une étoffe précieuse de Chine, peinte dans le pays, les couvertures de damas enrichies de franges et de glands d'or, et les draps d'une mousseline brodée garnie de dentelle. La troisième servait de cuisine, et tout y était d'argent. Quand j'entrai dans la quatrième, je me crus transporté dans un de ces palais de fée bâtis par les romanciers. Dans les quatre angles étaient quatre buffets chargés de vaisselle d'or, de grands vases de cristal qui contenaient les vins les plus rares : la table était couverte d'un magnifique surtout, et des fruits d'Europe et d'Amérique. La gaîté qui régnait parmi nous ajoutait encore à l'illusion. Tout ce que je mangeai me parut délicieux et apprêté par la main des génies; je croyais avaler le nectar; et, pour achever l'enchantement, il ne manquait plus qu'une Hébé. Nous sortîmes de ce lieu de délices en remerciant le dieu qui les faisait naître. Ce dieu est un seigneur âgé d'environ cinquante ans. Il est puissamment riche, mais il doit plus qu'il ne possède. Sa seule passion est de manger son bien et celui des autres dans les plaisirs et la bonne chère. Il fait transporter ses tentes partout où il croit pouvoir s'amuser, et il décampe aussitôt qu'il s'ennuie. Cet homme-là est un charmant épicurien; il est digne de porter le ruban gris-de-lin.

Même fête le lendemain, mais beaucoup plus brillante, parce qu'il avait eu le temps de la préparer; cependant pas un seul minois féminin.

Nous fîmes aussi plusieurs visites qui remplirent agréablement la soirée. Les femmes nous reçoivent on ne peut mieux, et comme des animaux curieux qu'on voit avec plaisir. Elles sont toutes très-brunes ; elles ont de beaux cheveux relevés négligemment, un habillement qui plaît par sa simplicité, de grands yeux noirs et voluptueux ; et leur caractère, naturellement enclin à l'amour, se peint dans leur regard.

Nous eûmes hier un joli concert suivi d'un bal : on ne connaît ici que le menuet. J'eus le plaisir d'en danser plusieurs avec une Portugaise charmante de seize ans et demi : elle a une taille de nymphe, une physionomie, *et la grâce plus belle encore que la beauté :* on la nomme *dona Theresa.*

Je ne vous dirai rien des églises ; les Portugais sont partout les mêmes : elles sont d'une richesse étonnante ; il n'y manque que des siéges.

J'aurais été charmé de connaître l'opéra de Rio-Janéiro ; mais le vice-roi n'a jamais voulu nous permettre d'y aller.

Ce pays-ci est un paradis terrestre ; la terre y produit abondamment les fruits de tous les climats ; l'air y est sain ; les mines d'or et de pierreries y sont très-nombreuses : mais à tous ces avantages il en manque un qui peut seul donner du prix aux autres, c'est la liberté : tout est ici dans l'esclavage ; on y peut entrer, mais on n'en sort guère. En général, les colons sont mécontens et fatigués de leur sort.

Nous quittons demain cette rade, et nous faisons voile pour l'île de Bourbon : nous relâcherons peut-être au cap de Bonne-Espérance.

Adieu, mon frère et mon ami : aime-moi toujours, et ne voyage jamais par mer.

LETTRE A BERTIN.

Au cap de Bonne-Espérance, le 3 novembre 1773.

C'est ici que l'on voit deux choses bien cruelles,
Des maris ennuyeux et des femmes fidèles;
Car l'Amour, tu le sais, n'est pas luthérien :
C'est ici qu'à l'entour d'une vaste théière,
Près d'un large fromage et d'un grand pot à bière,
L'on digère, l'on fume, et l'on ne pense à rien :
C'est ici que l'on a santé toujours fleurie,
Visage de chanoine, et panse rebondie :
C'est dans ces lieux enfin qu'on nous fait aujourd'hui
Avaler à longs traits la *constance* et l'ennui.

On a bien raison de dire, *chaque pays, chaque mode*. En France, les filles ne s'observent que dans l'extérieur; l'amant est toujours celui que l'on reçoit avec le plus de froideur; c'est celui auquel on veut faire le moins d'attention; et, de l'air le plus décent et le plus

Couché del. Sculp.

Vue des environs du Cap de bonne espérance.

réservé, on lui donne un rendez-vous pour la nuit : ici, tout au rebours, vous êtes accueilli avec un air d'intelligence et d'amitié, qui parmi nous signifierait beaucoup ; vos yeux peuvent s'expliquer en toute assurance, on leur répond sur le même ton ; on vous passe le baiser sur la main, sur la joue, même celui qui semble le plus expressif ; enfin on vous accorde tout, excepté la seule chose qui s'accorde parmi nous.

Que faire donc ? je ne fume jamais : la fidélité matrimoniale est bien ennuyeuse : dans une intrigue où le cœur n'est que chatouillé, on ne vise qu'au dénouement. La promenade est mon unique plaisir ; triste plaisir à vingt ans ! Je la trouve dans un jardin magnifique, qui n'est fréquenté que par les oiseaux, les dryades et les faunes : les divinités de ces lieux s'étonnent de me voir sans pipe et un livre à la main. C'est là que je jouis encore, par le souvenir de ces momens passés avec toi, des douceurs de notre amitié, de nos folies, et des charmes de la *caserne*; c'est là que je t'écris, tandis que tu m'oublies peut-être dans Paris;

Tandis qu'entouré de plaisirs,
Toujours aimé, toujours aimable,
Tu sais partager tes loisirs
Entre les Muses et la table.
Adieu : conserve tous ces goûts;
Vole toujours de belle en belle,
Au Parnasse fais des jaloux,
A l'amitié reste fidèle.
Puisses-tu dans soixante hivers
Cueillir les fruits de la jeunesse,
Caresser encor ta maîtresse,
Et la chanter en jolis vers!

LETTRE AU MÊME.

De l'île de Bourbon, le 19 janvier 1775.

Tu veux donc, mon ami, que je te fasse connaître ta patrie? tu veux que je te parle de ce pays ignoré, que tu chéris encore parce que tu n'y es plus? Je vais tâcher de te satisfaire en peu de mots.

L'air est ici très-sain; la plupart des maladies y sont totalement inconnues; la vie est douce, uniforme, et par conséquent fort ennuyeuse; la nourriture est peu variée; nous n'avons qu'un petit nombre de fruits, mais ils sont excellens.

Ici ma main dérobe à l'oranger fleuri
Ces pommes dont l'éclat séduisit Atalante;
Ici l'ananas plus chéri
Élève avec orgueil sa couronne brillante;

De tous les fruits ensemble il réunit l'odeur;
Sur ce côteau l'atte pierreuse
Livre à mon appétit une crème flatteuse ;
La grenade plus loin s'entr'ouvre avec lenteur,
La banane jaunit sous sa feuille élargie ;
La mangue me prépare une chair adoucie ;
Un miel solide et dur pend au haut du dattier ;
La pêche croît aussi sur ce lointain rivage ;
Et plus propice encor, l'utile cocotier
Me prodigue à la fois le mets et le breuvage.

Voilà tous les présens que nous fait Pomone : pour l'amante de Zéphire, elle ne visite qu'à regret ces climats brûlans.

Je ne sais pourquoi les poëtes ne manquent jamais d'introduire un printemps éternel dans les pays qu'ils veulent rendre agréables; rien de plus maladroit : la variété est la source de tous nos plaisirs, et le plaisir cesse de l'être quand il devient habitude. Vous ne voyez jamais ici la nature rajeunie ; elle est toujours la même ; un vert triste et sombre vous donne toujours la même sensation. Ces orangers couverts en même temps de fruits et de fleurs n'ont pour moi rien d'intéressant, parce que jamais leurs branches dépouillées ne furent blanchies par les frimas. J'aime à voir la feuille naissante briser son enveloppe légère; j'aime à la voir croître, se développer, jaunir et tomber. Le printemps plairait beaucoup moins, s'il ne venait après l'hiver.

O mon ami! lorsque mon exil sera fini, avec quel plaisir je reverrai Feuillancour au mois de mai! avec quelle avidité je jouirai de la nature! avec quelles délices je respirerai les parfums de la campagne! avec quelle volupté je foulerai le gazon fleuri! Les plaisirs perdus sont toujours les mieux sentis. Combien de fois n'ai-je pas regretté le chant du rossignol et de la fauvette! Nous n'avons ici que des oiseaux braillards, dont le cri importun attriste à la fois l'oreille et le cœur. En comparant ta situation à la mienne, apprends, mon ami, à jouir de ce que tu possèdes.

Nous avons, il est vrai, un ciel toujours pur et serein, mais nous payons trop cher cet avantage. L'esprit et le corps sont anéantis par la chaleur ; tous leurs ressorts se relâchent ; l'âme est dans un assoupissement continuel ; l'énergie et la vigueur intérieures se dissipent par les pores. Il faut attendre le soir pour respirer ; mais vous cherchez en vain des promenades.

D'un côté mes yeux affligés
N'ont pour se reposer qu'un vaste amphithéâtre
De rochers escarpés que le temps a rongés ;
De rares arbrisseaux, par les vents outragés,
Y croissent tristement sur la pierre rougeâtre,
Et des lataniers allongés
Y montrent loin à loin leur feuillage grisâtre.
Trouvant leur sûreté dans leur peu de valeur,
Là d'étiques perdreaux de leurs ailes bruyantes
Rasent impunément les herbes jaunissantes,
Et s'exposent sans crainte au canon du chasseur.
Du sommet des remparts dans les airs élancée,

La cascade à grand bruit précipite ses flots,
Et, roulant chez Téthys son onde courroucée,
Du nègre infortuné renverse les travaux.
Ici sur les confins des états de Neptune,
Où jour et nuit son épouse importune
Afflige les échos de longs mugissemens,
Du milieu des sables brûlans
Sortent quelques toits de feuillage.
Rarement le zéphyr volage
Y rafraîchit l'air enflammé;
Sous les feux du soleil le corps inanimé
Reste sans force et sans courage.
Quelquefois l'aquilon bruyant,
Sur ses ailes portant l'orage,
S'élance du sombre orient;
Dans ses antres l'onde profonde
S'émeut, s'enfle, mugit, et gronde;
Au loin, sur la voûte des mers,
On voit des montagnes liquides
S'élever, s'approcher, s'élancer dans les airs,
Retomber et courir sur les sables humides;
Les flammes du volcan brillent dans le lointain;
L'Océan franchit ses entraves,
Inonde nos jardins, et porte dans nos caves
Des poissons étonnés de nager dans le vin.

Le bonheur, il est vrai, ne dépend

pas des lieux qu'on habite: la société, pour peu qu'elle soit douce et amusante, dédommage bien des incommodités du climat. Je vais essayer de te faire connaître celle qu'on trouve ici.

Le caractère du créole est généralement bon ; c'est dommage qu'il ne soit pas à même de le polir par l'éducation. Il est franc, généreux, brave et téméraire. Il ne sait pas couvrir ses véritables sentimens du masque de la bienséance : si vous lui déplaisez, vous n'aurez pas de peine à vous en apercevoir : il ouvre aisément sa bourse à ceux qu'il croit ses amis : n'étant jamais instruit des détours de la chicane, ni de ce que l'on nomme *les affaires*, il se laisse souvent tromper. Le préjugé du point d'honneur est respecté chez lui plus que partout ailleurs. Il est ombrageux, inquiet et susceptible à l'excès; il se prévient facilement, et ne pardonne guère. Il a une adresse peu commune pour tous les arts mécaniques ou d'agrément; il ne lui manque que de s'éloigner de sa patrie, et d'apprendre. Son génie indolent et léger n'est pas propre aux sciences ni aux études sérieuses : il n'est pas capable d'application : et ce qu'il sait, il le sait superficiellement et par routine.

On ne se doute pas dans notre île de ce que c'est que l'éducation. L'enfance est l'âge qui demande de la part des parens le plus de prudence et le plus de soin : ici l'on abandonne les enfans aux mains des esclaves ; ils prennent insensiblement les goûts et les mœurs de ceux avec qui ils vivent : aussi, à la couleur près, très-souvent le maître ressemble parfaitement à l'esclave. A sept ans, quelque soldat ivrogne leur apprend à lire, à écrire, et leur enseigne les quatre premières règles d'arithmétique : alors l'éducation est complète.

Le créole est bon ami, amant inquiet, et mari jaloux. (Ce qu'il y a d'impayable, c'est que les femmes partagent ce dernier ridicule avec leurs époux, et que la foi conjugale n'en est pas mieux gardée de part et d'autre.) Il est vain et entêté ; il méprise ce qu'il ne connaît pas, et il connaît peu de choses ; il est plein de lui-même, et vide de tout le reste. Ici, dès qu'un homme peut avoir six pieds de maïs, deux cafiers et un négrillon, il se croit sorti de la côte de saint Louis : tel qui galope à cru dans la plaine, une pipe à la bouche, un grand caleçon et les pieds nus, s'imagine que le soleil ne se lève que pour lui. Ce fonds d'orgueil et de suffisance vient de l'ignorance et de la mauvaise éducation.

D'ailleurs, accoutumé comme on l'est depuis l'enfance à parler en maître à des esclaves, on n'apprend guère, ou l'on oublie aisément ce qu'exigent un égal et un supérieur. Il est difficile de ne pas rapporter de l'intérieur de son domestique un ton décisif, et cet esprit impérieux que révolte la plus légère contradiction. C'est aussi ce qui entretient cette paresse naturelle au créole, qui prend sa source dans la chaleur du climat.

Le sexe dans ce pays n'a pas à se plaindre de la nature : nous avons peu de belles femmes, mais presque toutes sont jolies, et l'extrême propreté, si rare en France, embellit jusqu'aux laides. Elles ont en général une taille avantageuse et de beaux yeux. La chaleur excessive empêche les roses et les lis d'éclore sur leur visage ; cette chaleur flétrit encore avant le temps d'autres attraits plus précieux ; ici une femme de vingt-cinq ans en a déjà quarante : il existe un proverbe exclusif en faveur des petits pieds ; pour l'honneur de nos dames, je m'inscris en faux contre ce proverbe. Il leur faut de la parure, et j'ose dire que le goût ne préside pas toujours à leur toilette : la nature, quelque négligée qu'elle puisse être , est plus agréable qu'un art maladroit. Ce principe devrait aussi les guider dans les manières étrangères qu'elles copient, et dans toutes ces grâces prétendues où l'on s'efforce de n'être plus soi-même.

Les jalousies secrètes et les tracasseries éternelles règnent ici plus que dans aucun village de province : aussi nos dames se voient peu entre elles : on ne sort que pour les visites indispensables; car l'étiquette est ici singulièrement respectée : nous commençons à avoir une cérémonie , une mode, un bon ton.

L'enfance de cette colonie a été semblable à l'âge d'or; d'excellentes tortues couvraient la surface de l'île; le gibier venait de lui-même s'offrir au fusil; la bonne foi tenait lieu de code. Le commerce des Européens a tout gâté. Le créole s'est dénaturé insensiblement; il a substitué à ses mœurs simples et vertueuses des mœurs polies et corrompues;

l'intérêt a désuni les familles ; la chicane est devenue nécessaire ; le Chabouc a déchiré le nègre infortuné ; l'avidité a produit la fourberie ; et nous en sommes maintenant au siècle d'airain.

Je te sais bon gré, mon ami, de ne pas oublier les nègres dans les instructions que tu me demandes ; ils sont hommes, ils sont malheureux ; c'est avoir bien des droits sur une âme sensible. Non, je ne saurais me plaire dans un pays où mes regards ne peuvent tomber que sur le spectacle de la servitude, où le bruit des fouets et des chaînes étourdit mon oreille et retentit dans mon cœur. Je ne vois que des tyrans et des esclaves, et je ne vois pas mon semblable. On troque tous les jours un homme contre un cheval : il est impossible que je m'accoutume à une bizarrerie si révoltante. Il faut avouer que les nègres sont moins maltraités ici que dans nos autres colonies ; ils sont vêtus ; leur nourriture est saine et assez abondante : mais ils ont la pioche à la main depuis quatre heures du matin jusqu'au coucher du soleil; mais leur maître, en revenant d'examiner leur ouvrage, répète tous les soirs : « Ces gueux-là ne travaillent point; » mais ils sont esclaves, mon ami! cette idée doit bien empoisonner le maïs qu'ils dévorent et qu'ils détrempent de leur sueur. Leur patrie est à deux cents lieues d'ici; ils s'imaginent cependant entendre le chant des coqs, et reconnaître la fumée des pipes de leurs camarades. Ils s'échappent quelquefois au nombre de douze ou quinze, enlèvent une pirogue, et s'abandonnent sur les flots. Ils y laissent presque toujours la vie; et c'est peu de chose lorsqu'on a perdu la liberté. Quelques-uns ont eu le bonheur de gagner Madagascar; mais leurs compatriotes les ont tous massacrés, disant qu'ils revenaient d'avec les blancs, et qu'ils avaient trop d'esprit. Malheureux! ce sont plutôt ces mêmes blancs qu'il faut repousser de vos paisibles rivages. Mais il n'est plus temps; vous avez déjà pris nos vices avec nos piastres. Ces misérables vendent leurs enfans pour un fusil ou pour quelques bouteilles d'eau-de-vie.

Dans les premiers temps de la colonie, les nègres se retiraient dans les bois, et de là ils faisaient des incursions fréquentes dans les habitations éloignées. Aujourd'hui les colons sont en sûreté. On a détruit presque tous les *marrons ;* des gens payés par la commune en font leur métier, et ils vont à la chasse des hommes aussi gaîment qu'à celle des merles.

Ils reconnaissent un Être suprême. On leur apprend le catéchisme; on prétend leur expliquer l'Évangile; Dieu sait s'ils en comprennent le premier mot! on les baptise pourtant, bon gré mal gré, après quelques jours d'instruction qui n'instruit point. J'en vis un dernièrement qu'on avait arraché de sa patrie depuis sept mois ; il se laissait mourir de faim. Comme il était sur le point d'expirer, et très-éloigné de la paroisse, on me pria de lui conférer le baptême. Il me regarda en souriant, et me demanda pourquoi je lui jetais de l'eau sur la tête ; je lui expliquai de mon mieux la chose ; mais il se retourna d'un autre côté, disant en mauvais français : « Après la mort tout est fini, du moins pour nous autres nègres ; je ne veux point d'une autre vie, car peut-être y serais-je encore votre esclave. »

Mais sur cet affligeant tableau
Qu'à regret ma main continue,
Ami, n'arrêtons point la vue,
Et tirons un épais rideau ;
Dégageons mon âme oppressée
Sous le fardeau de ses ennuis :
Sur les ailes de la pensée,
Dirigeons mon vol à Paris,
Et revenons à la *caserne*,
Aux gens aimables, au falerne,
A toi, le meilleur des amis,

A toi, qui du sein de la France
M'écris encor dans ces déserts,
Et que je vois bâiller d'avance
En lisant ma prose et mes vers.

Que fais-tu maintenant à Paris? tandis que le soleil est à notre zénith, l'hiver vous porte à vous autres la neige et les frimas. Réalises-tu ces *projets d'orgies* auxquels on répond par de jolis vers et par de bons vins? Peut-être qu'entouré de tes amis et des miens, amusé par eux, tu les amuses à ton tour par tes *congés* charmans.

Peut-être, hélas ! dans ce moment
Où ma plume trop paresseuse,
Te griffonne rapidement
Une rime souvent douteuse,
Assiégeant un large pâté,
D'Alsace arrivé tout à l'heure,
Vous buvez frais à ma santé,
Qui pourtant n'en est pas meilleure.

Dans ce pays le temps ne vole pas, il se traîne; l'ennui lui a coupé les ailes.

Le matin ressemble au soir, le soir ressemble au matin ; et je me couche avec la triste certitude que le jour qui suit sera semblable en tout au précédent. Mais il n'est pas éloigné cet heureux moment où le vaisseau qui me rapportera vers la France sillonnera légèrement la surface des flots. Soufflez alors, enfans impétueux de Borée, enflez la voile tendue. Et vous, aimables néréides, poussez de vos mains bienfaisantes mon rapide gaillard. Vous rendîtes autrefois ce service aux galères d'Énée, qui le méritait moins que moi. Je ne suis pas tout-à-fait si pieux ; mais je n'ai pas trahi ma Didon. Et vous, ô mes amis ! lorsque l'Aurore, prenant une robe plus éclatante, vous annoncera l'heureux jour qui doit me ramener dans vos bras, qu'une sainte ivresse s'empare de vos âmes :

D'une guirlande nouvelle
Ombragez vos jeunes fronts,

Et qu'au milieu des flacons
Brille le myrte fidèle.
Qu'auprès d'un autel fleuri
Chacun d'une voix légère
Chante pour toute prière
Regina potens Cypri;
Puis venant à l'accolade
D'un ami ressuscité,
Par une triple rasade
Vous salûrez ma santé.

VOYAGE
EN MAURITANIE,
PAR HAMILTON.

5. 19

VOYAGE

EN MAURITANIE.

Vous qui partagez dans mon cœur,
Avec un autre objet, une tendresse égale,
Et préférez aussi votre aimable rivale
A votre tendre serviteur,
Marquise, quand l'hôtel d'Irlande
Vous vit dans le premier couplet
Dont vous reçûtes l'humble offrande,
On vous y connut trait pour trait;
Et quoique la foule fût grande
Où chaque belle avait son fait,
On approuva votre portrait ;
Et le voyant dans cette bande,
On fut de vous plus satisfait
Que quand, pour aller en Hollande,
Vous partîtes d'Aix en secret ;
Mais laissons ce voyage, et souffrez qu'on vous mande
Celui d'un pays si parfait,
Qu'on dirait que la sage Urgande
Par ses enchantemens l'a fait.

Le troisième jour de mars de l'année dite de *la grande Omelette*, quatre princes curieux de voir les merveilles qui ne se trouvent que dans les climats éloignés, s'embarquèrent dans un superbe vaisseau, nommé *le Visionnaire*; et, quittant le triste voisinage du port Bastillan, cinglèrent en haute mer par un vent favorable, et dirigèrent leur course vers les côtes de Mauritanie. Ces princes étaient le prudent Renardius, Victorin le Chevelu, Griffonio de la Forêt, et le triste Marc-Antonin.

Ayant doublé le promontoire du Trône, ils côtoyèrent certains rivages, le long desquels s'étend la vaste enceinte du palais Vinceniade. A cette vue, le sage Renardius ne put s'empêcher de pousser quelques soupirs; et quoiqu'on fut trop poli pour lui en demander la cause, on sut de lui qu'un certain enchanteur avait autrefois transformé ce palais en prison, et qu'il y avait long-temps tenu l'invincible aïeul du prince de Mauritanie.

Tandis qu'on rendait grâces à Dieu de ce que la race de ces maudits enchanteurs était exterminée, plusieurs dauphins et quelques merluches, que le prince Griffonio prit pour des cerfs et des biches, se mirent à badiner autour du navire.

Cela fit naître une dissertation curieuse sur la nature des poissons; et comme ces princes étaient fort savans, ils dirent de très-belles choses sur le doute que l'un d'eux proposa ; savoir : si la mer était faite pour les poissons, ou les poissons pour la mer. Pendant qu'on agitait cette question avec chaleur, le navire s'arrêta tout d'un coup , et surprit les disputans par la nouveauté du prodige; car, quoique le vaisseau fût immobile, le vent soufflait , et toutes les voiles étaient tendues.

On crut d'abord que quelque rémora, pour se divertir de l'étonnement des nautonniers, leur jouait ce tour; mais, comme on mettait un plongeur en mer pour s'en éclaircir, le pilote se mit à deux genoux, et confessa que le nain du prince Chevelu, ayant perdu les bottes de son maître, l'avait conjuré de jeter l'ancre tandis qu'il les irait chercher.

En attendant son retour, les quatre princes firent de belles réflexions sur l'instabilité des grandeurs humaines au sujet de cet événement, avec des remarques tout-à-fait recherchées sur l'utilité des bottes en pleine mer.

Marc-Antonin assura que le mélodieux Arion était botté quand le dauphin le porta vers la terre, quoique les dictionnaires de Bayle et de Moréry ne fissent aucune mention de bottes dans cette aventure. Sur ces entrefaites, celles de Victorin étant retrouvées, on leva l'ancre; et, malgré ce petit retardement, on gagna le rivage fertile de la Mauritanie, sur le point que le dieu du jour allait passer la nuit dans l'humide palais de la déesse Téthys.

Dès qu'on fut débarqué, l'on fut dans un grand étonnement de ce qu'une si courte navigation n'avait pas été plus longue; mais le pilote assura que tous ceux qui s'embarquaient dans *le Visionnaire* étaient sujets à ces sortes d'étonnemens.

Tandis que les trois autres princes se rendaient au palais du prince de ces lieux, Griffonio fut rendre la première visite à messieurs ses chiens, avec lesquels il avait conservé de grandes liaisons.

Dès qu'on fut un peu remis des fatigues du jour, on commença les divertissemens de la nuit. On servit, et le repas fut digne de la magnificence du prince, et de l'appétit immodéré de ses illustres hôtes.

Ils commençaient à le déployer quand on vit entrer le satrape Verre-de-Vin;

une tartane, dont la vitesse égalait celle des oiseaux, l'avait passé de l'île Bouillonnante. On connut à son air qu'il était chargé de quelque chose d'important, et chacun se mit à le questionner de toute sa force ; car, quoique les princes fussent grands mangeurs, ils étaient encore plus grands politiques. Ainsi, voyant bien qu'il ne s'agissait pas d'une bagatelle, ils lui demandèrent comment se portait le danseur de corde qu'on avait tué d'un coup de pistolet.

Le satrape avait l'esprit pénétrant ; et comme il était de la dernière conséquence de répondre juste à des princes si clairvoyans, il leur dit que le pontife Abeille soutenait toujours que la mort et le trépas ne signifiaient pas la même chose.

Cette réponse mit une merveilleuse consternation dans l'assemblée ; d'un côté, l'on voyait la conséquence du fait, et de l'autre son embarras.

Chacun y rêvait profondément, sans imaginer aucun expédient capable d'en lever les difficultés, ou d'en éclaircir le mystère, lorsqu'un des princes se mit à chanter les paroles suivantes sur l'air fameux de *Réveillez-vous, belle endormie* :

Gens doctes en philosophie,
Dans leurs écrits assurent fort
Que, la mort nous ôtant la vie,
Le trépas nous donne la mort.

Or écoutez une merveille
Que ces docteurs ne savaient pas :
C'est que la mort du grand Abeille
Ne saurait être son trépas.

Ces couplets furent regardés de toute la compagnie comme une espèce d'oracle qui développait la proposition, et n'y laissait plus rien de problématique.

On les écrivit sur des tablettes de cèdre, et les ayant envoyés par un brigantin à l'île Bouillonnante, on se sépara d'assez bonne heure cette première nuit.

Le lendemain, chacun fit ce qu'il voulut; les chasseurs montèrent à cheval; les cœurs tendres restèrent au palais, pour s'abandonner différemment à la douce habitude de leurs rêveries. Sur le soir, la compagnie s'étant rassemblée, toutes sortes de jeux précédèrent le festin. On le servit, on se mit à table, et chacun voulant rendre compte des diverses occupations de la journée, Griffonio dit, qu'on avait couru le dauphin sur un bras de mer appelé *la forêt de Livry*, peut-être pour se moquer de la mauvaise plaisanterie d'Horace dans son *Art poétique*; car il ajouta que les chiens avaient pris un cerf dix-cors, dont il prétendit montrer le pied gauche. Un valet de limiers lui soutint que c'était le pied droit; sur quoi son altesse de la Griffonnerie se mit dans une colère tellement altérée, qu'elle fut obligée de boire quinze ou seize grands coups de suite pour se remettre.

On donna le troisième jour à la poésie. Le prince de Mauritanie, et son ministre pour les affaires du Parnasse, travaillèrent à dresser un manifeste en vers, qu'on dépêcha le même jour, par une frégate légère, à la princesse Mainalide.

Le quatrième jour, on en eut une réponse, que le prince Griffonio critiqua sur certaine expression qu'il n'entendait pas. On ne laissa pas de faire une réplique à cet ouvrage, qu'il ne put désapprouver, parce qu'il ne la vit pas.

On pressait cependant le désolé Marc-Antonin de faire quelque effort malgré son rhume; car, voyant qu'il passait les journées à charbonner les murailles, tantôt d'une M, qu'il environnait de lacs d'amour, tantôt d'un C, qu'il embellissait de cœurs navrés, on s'imagina qu'il était un peu poëte; mais il n'était qu'amoureux; il se promenait tristement, parlait tout seul, demandait à boire quand il avait faim, et de la moutarde quand il avait soif; enfin, c'était la plus grande pitié du monde de voir les pauvretés où l'amour l'avait réduit.

Quand on lui demandait l'explication des beaux ouvrages dont il ornait les murailles et les cheminées, sa réponse était que l'M voulait dire *marquise*, et le C *comtesse*, deux fées de Germanie, qui s'étaient donné la peine de l'enchanter; que l'une s'appelait Arthuriane, et l'autre Ploydinie.

Ce sont, disait-il, deux sorcières
Dont rien n'égale le pouvoir,
Et qui, du matin jusqu'au soir,
Enchantent de mille manières;
Gardez-vous, princes, de les voir,
Vos libertés n'y tiendraient guères.

A ces mots, il se mettait à pleurer comme un enfant; il était aisé de juger, à tout cela, qu'il avait la cervelle démontée. Mais comme la folie d'amour fait d'ordinaire naître celle des vers, on crut qu'il pourrait être assez fou pour en faire, d'autant plus qu'il avait des momens de vivacité dont on espérait quelques saillies.

Mais, hélas ! si Marc-Antonin
Paraissait quelquefois en vie,
Il le paraissait bien en vain.
Grâce aux nymphes de Germanie ;
Son âme était à Saint-Germain,
Et son corps en Mauritanie.
Sitôt qu'on voyait le soleil,
Les deux objets de sa tendresse
Se présentaient à lui sans cesse ;
Et, brûlant d'un amour pareil
Pour l'une et pour l'autre déesse,
Pendant les heures du sommeil
Il entretenait la comtesse,
Et la marquise à son réveil.
Il disait : Belle Ploydinie,
Mon cœur vous aime à la folie,
Il veut mourir sous votre loi ;
Et, dans la même rêverie,

S'écriait : Reine de ma vie,
Arthur, ayez pitié de moi!

Dans un état si ridicule, le plus court eût été de le laisser en repos; mais on ne le voulut jamais; et, voyant qu'on ne cessait de le persécuter, il écrivit un journal du voyage pour la marquise, et fit pour la comtesse une description en vers du palais de Mauritanie, avec un abrégé des mœurs, coutumes et différentes religions des habitans du pays. On en tira quelques copies, qui se vendirent à juste prix chez les libraires du Pont-Neuf.

Le cinquième jour, on vit aborder trois gros bâtimens chargés de princes tributaires, qui venaient rendre leurs hommages au souverain de Mauritanie.

Le sixième jour, ils s'en retournèrent.

Le septième, grande chasse et long souper.

Le huitième, on ne fit que baguenauder, c'est-à-dire, on fit quelques couplets ou quelques impromptus.

Le neuvième, on reçut un courrier de la princesse Mainalide, avec un nouveau détachement de vers. La question fut d'y répondre; car Victorin-le-Chevelu, faute d'autre monture, s'était mis sur le Pégase de la grande écurie, et le pauvre cheval avait été si rudement mené pendant la dernière chasse, qu'il pouvait à peine mettre un pied devant l'autre ; si bien que le secrétaire du département poétique fut contraint de faire sa dépêche à terre, et d'expédier quelques rimes à pied, pour répondre à celles du dernier envoyé.

Le lendemain, on s'embarqua, quoiqu'avec un regret extrême; et, après quelques heures de navigation, on découvrit les premières terres de l'Europe.

Ainsi finit ce beau voyage;
Et, quoique les événemens
N'y soient pas mis dans l'étalage
Où les mettent certains romans,
Peut-être que leur badinage
Pourra vous amuser pendant quelques momens,
Et je n'en veux pas davantage.

VOYAGE
DE TOULOUSE A PARIS,
EXTRAIT
DES MÉMOIRES DE MARMONTEL.

VOYAGE

DE TOULOUSE A PARIS.

Mais, vers la fin de cette année, un petit billet de Voltaire vint me déterminer à partir pour Paris. « Venez, m'écrivait-il, et venez sans inquiétude. M. Orri, à qui j'ai parlé, se charge de votre sort. *Signé*, Voltaire. » Qui était M. Orri? Je ne le savais point. J'allai le demander à mes bons amis de Toulouse, et je leur montrai mon billet. « M. Orri! s'écrièrent-ils : eh! cadédis! c'est le contrôleur-général des finances. Ah! cher ami, ta fortune est faite : tu seras fermier-général. Souviens-toi de nous dans ta gloire. Protégé du ministre, il te sera facile de gagner son estime, sa confiance et sa faveur. Te voilà tout à l'heure à la source des grâces. Cher Marmontel, fais-en couler vers nous quelques ruisseaux. Un petit filet du Pactole suffit à notre ambition. » L'un aurait bien voulu une recette générale, l'autre se contentait d'une recette particulière, ou de quelque autre emploi de deux ou trois mille petits écus; et cela dépendait de moi.

J'ai oublié de dire qu'entre nous jeunes gens, et en rivalité de l'académie des Jeux Floraux, nous avions formé une société littéraire, déjà célèbre sous le nom de *la petite académie*. C'était là qu'à l'envi on exaltait mes espérances. Je n'eus donc rien de plus pressé que de partir. Mais, comme mon opulence future ne me dispensait pas dans ce moment du soin de ménager mes fonds, je cherchais les moyens de faire mon voyage avec économie, lorsqu'un président du parlement, M. de Puget, me fit prier de l'aller voir, et me proposa, en termes obligeans, d'aller à frais communs avec son fils en litière à Paris. Je répondis à M. le président que, quoique la litière me parût lente et ennuyeuse, l'avantage d'y être en bonne compagnie compensait ce désagrément; mais que, pour les frais de ma route, mon calcul était fait; qu'il ne m'en coûterait que quarante écus par la messagerie, et que j'étais décidé à m'en tenir là. M. le président, après avoir inutilement essayé de tirer de moi quelque chose de plus, voulut bien se réduire à ce que je lui offrais; aussi-bien aurait-il fallu qu'il eût payé seul la litière, et ma petite part était tout gain pour lui.

Je laissai mon frère à Toulouse, et ma place au collége de Sainte-Catherine lui aurait été bien assurée, s'il eût été en philosophie. Mais c'était aux cinq ans de grades que la concession en était réservée. Il fallut donc pour le moment renoncer à cet avantage, et je donnai pour asile à mon frère le séminaire des Irlandais. Je payai un an de sa pension d'avance, et, en l'embrassant, je lui laissai tout le reste de mon argent, n'ayant plus moi-même un écu lorsque je partis de Toulouse. Mais, en passant à Montauban, j'y allais trouver de nouveaux fonds.

Montauban, ainsi que Toulouse, avait une académie littéraire qui tous les ans donnait un prix. Je l'avais gagné cette année, et je ne l'avais point retiré. Ce prix était une lyre d'argent de la valeur de cent écus. En arrivant, j'allai recevoir cette lyre, et tout d'un temps je la vendis. Ainsi, après avoir payé d'avance au muletier les frais de mon voyage, et bien régalé mes amis, qui, en cavalcade, m'avaient accompagné jusqu'à Montauban, je me trouvai riche encore de plus de cinquante écus. En fallait-il tant à un homme que la fortune attendait à Paris ? Jamais on n'est allé plus lentement au-devant d'elle. Ce voyage en litière ne fut pourtant pas aussi ennuyeux pour moi que je l'aurais pensé. J'étais fait pour trouver des muletiers honnêtes gens. Celui-ci nous faisait une chère délicieuse : jamais je n'ai mangé ni de meilleures perdrix rouges, ni des dindes si succulentes, ni des truffes si parfumées. J'avais honte d'être si bien nourri pour mes quarante écus, et je me promettais bien de gratifier ce brave homme sitôt que je serais en état d'être libéral.

Il est vrai que mon compagnon de voyage le payait mieux que moi : aussi voulut-il bien se prévaloir de cet avantage ; mais il ne me trouva pas disposé à l'en laisser jouir. Le premier jour je lui avais cédé le fond de la litière, et quelque mal de cœur que me causât le balancement de la voiture et cette allure à reculons, j'en souffris l'incommodité. Je dissimulai même l'ennui d'entendre le plus sot des enfans gâtés m'étaler longuement, avec une puérile emphase, et sa noble origine, et sa grande fortune, et cette dignité de président dont son père était revêtu. Je lui laissais vanter la beauté de ses gros yeux bleus et les charmes de sa figure, dont il me disait naïvement que toutes les femmes étaient folles. Il me parlait de leurs agaceries, de leurs caresses, de leurs baisers sur ses beaux yeux : je l'écoutais patiemment, et je me disais à moi-même : « Voilà pourtant le ridicule que se donne la vanité. »

Le lendemain, je le vis monter le premier en voiture et s'asseoir dans le fond. « Tout beau, M. le marquis, lui dis-je ; sur le devant, s'il vous plaît. C'est aujourd'hui mon tour d'être à mon aise. » Il me répondit qu'il était à sa place, et que M. son père avait entendu qu'il occupât le fond. Je répliquai que, si M. son père avait sous-entendu cela dans son marché, je ne l'avais pas, moi, entendu dans le mien; que, s'il me l'avait proposé, je ne me serais pas emboîté comme un sot dans cette caisse dandinante; qu'actuellement au même prix je serais en plein air et sur un bon cheval à voir librement la campagne; que j'étais déjà assez dupe d'avoir si mal employé mes quarante écus, et que je ne le serais pas au point de lui céder à demeure la bonne place. Il persistait à vouloir la garder; mais, quoiqu'il fût aussi grand que moi, je le priai de ne pas m'obliger à l'en tirer de force et à le mettre à terre. Il entendit cette raison, et il se mit sur le devant. Il en eut de l'humeur jusqu'à la dînée. Cependant il se contenta de me priver de son entretien; mais à dîner sa supériorité lui revint dans la tête. On nous servit une perdrix rouge. Il se piquait de bien couper les viandes :

Quo gestu lepores, et quà gallina secetur.

Et en effet, cet exercice était entré dans son éducation. Il prit donc la perdrix sur son assiette, en détacha très-adroitement les deux cuisses et les deux ailes, garda les deux ailes pour lui, et me laissa les cuisses et le corps. « Vous aimez donc, lui dis-je, les ailes de perdrix? — Oui, me dit-il, assez. — Et moi aussi, lui dis-je; et en riant, sans m'émouvoir, je rétablis l'égalité. « Vous êtes bien hardi, me dit-il, de prendre une aile sur mon assiette? — Vous l'êtes bien plus, lui répondis-je d'un ton ferme, d'en avoir pris deux dans le plat. » Il était rouge de colère; mais il se modéra, et nous dînâmes paisiblement. Le reste du jour il se retrancha dans la dignité du silence; et à souper, comme ce fut une aile de dindon qu'on nous servit, et que je lui en donnai la meilleure partie, nous n'eûmes aucun démêlé.

Le lendemain : « C'est à vous, lui dis-je, d'occuper le fond de la voiture. » Il s'y mit en disant : « Vous me faites bien de la grâce. » Et le tête-à-tête allait être aussi silencieux que la veille, lorsqu'un incident l'anima. M. le marquis prenait du tabac ; j'en prenais aussi, grâce à une jeune et jolie buraliste qui m'en avait donné le goût. En boudant, il ouvrit sa tabatière, et moi, qui ne boudais point, je tendis la main et je pris du tabac, comme si nous avions été le mieux du monde ensemble. Il m'en laissa prendre, et, après quelques minutes de réflexion : « Il faut, me dit-il, que je vous raconte une histoire arrivée à M. de Maniban, premier président au parlement de Toulouse. « Je prévis qu'il allait me dire quelque insolence, et j'écoutai. « M. de Maniban, continua-t-il, donnait audience dans son cabinet à un *quidam* qui avait un procès et qui venait le solliciter. En l'écoutant, le magistrat ouvrit sa tabatière; le *quidam* y prit du tabac : M. le premier président ne s'en émut point; mais il sonna ses valets de chambre, et, jetant le tabac où le *quidam* avait touché, il en demanda d'autre. » Je ne fis pas semblant de m'appliquer la parabole, et, quelque temps après, mon fat ayant tiré sa tabatière, j'y repris du tabac aussi tranquillement que la première fois. Il en parut surpris; et moi, en souriant : « Sonnez donc, M. le marquis. — Il n'y a point ici de sonnette. — Vous êtes bien heureux qu'il n'y en ait point, lui dis-je, car le *quidam* vous donnerait vingt coups de pied dans le ventre pour la peine d'avoir sonné. » Vous concevez l'étonnement que ma réplique lui causa. Il voulut s'en fâcher; mais à mon tour j'étais en colère.»

Tenez-vous tranquille, lui dis-je, ou je vous arrache les oreilles. Je vois bien que l'on m'a donné un jeune sot à corriger, et dès ce moment je vous déclare que je ne vous passerai aucune impertinence. Songez que nous allons dans une ville où un fils de président de province n'est rien, et commencez dès à présent à être simple, honnête et modeste, si vous pouvez ; car dans le monde la suffisance, la fatuité, le sot orgueil, vous feraient essuyer des dégoûts encore plus amers. » Tandis que je parlais, il avait les mains sur ses yeux, et il pleurait. J'en eus pitié, et je pris avec lui le ton d'un ami véritable. Je lui fis faire l'examen de ses ridicules jactances, de ses puériles vanités, de ses folles prétentions, et insensiblement je croyais voir sa tête se désenfler du vent dont elle était remplie. « Que voulez-vous ? me dit-il, enfin ; c'est ainsi qu'on m'a élevé. » Aux marques de ma bienveillance j'ajoutai le bon procédé de lui céder presque toujours le fond de la voiture, car j'étais plus accoutumé que lui à l'incommodité d'aller à reculons, et cette complaisance acheva de le réconcilier avec moi.

TABLE

DU CINQUIÈME VOLUME.

TABLE GÉNÉRALE,

PAR ORDRE ALPHABÉTIQUE DES NOMS D'AUTEURS

DES VOYAGES

CONTENUS DANS LES CINQ VOLUMES.

AUTEURS ANONYMES.

FIN DU CINQUIÈME ET DERNIER VOLUME.

www.ingramcontent.com/pod-product-compliance
Ingram Content Group UK Ltd.
Pitfield, Milton Keynes, MK11 3LW, UK
UKHW022041190726
13855UKWH00002B/377

9 782013 050067